令和3年改定対応

記載例で学ぶ

居宅介護支援経過

～書くべきこと・書いてはいけないこと～

あたご研究所
後藤佳苗

著

第一法規

三訂版発行にあたり

　このたび、2016年10月の初版、2018年6月の改訂版に続き、介護保険法改正・介護報酬改定に合わせた改訂を重ねることになりました。

　三訂版を発行できるのも、本書のコンセプトと必要性を理解してくれた読者（ケアマネジャー）の支持があったからです。ありがとうございます。

　三訂版の作成にあたっては、令和2年介護保険法改正・令和3年度介護報酬改定に加え、13年ぶりに改正された標準様式通知にも準拠し、様式を刷新しました。

　そして前回の改訂版作成作業と同様に、前著の必要な部分は活かしつつ、最新の情報に対応するよう修正しました。

　特に、改訂版で「column」としてお示しした内容については、本文中に含められるものは移動し、短くできる部分はコンパクトにまとめることで、より実務に即した使い方ができるよう配慮しました。

　このため、"できるだけわかりやすく、かつ、端的にまとめることを目指す"がコンセプトの本書でしたが、改正・改定のたびに複雑化する介護保険制度や介護報酬の影響もあり、初版と比較すると40ページ以上の増量となってしまっています。

　読みこなすのに時間がかかってしまうことを申し訳ないと思うとともに、今回、初版と改訂版を読み直したところ、5年弱という短い期間ですが、介護保険制度の変遷、社会情勢の変化、介護保険におけるケアマネジメントの成熟のようなものも感じることができました。

令和3年度介護報酬改定は、「科学的介護元年」などと称され、科学的根拠となるデータの活用の推進、感染症対策の充実、業務継続計画の策定、高齢者虐待防止の推進など、計画作成の義務が付された改定が多いことも特徴です。

　「計画」とは、対応（実行）をする際にあらかじめその方法や手順を考え企てること。また、そうして考えた方法や手順のことです。思い付き（行き当たりばったり）や、漫然と実行すればよいものではありません。望ましい結果（実現しようとする目標）を設定したうえで予定（作成）し、その計画に沿って実行し、実施した内容を評価のうえ、必要があれば修正をすることが求められます。

　支援経過は科学的介護を進めるうえでも重要な証拠となる書類です。利用者の自立支援と介護給付費等の適正化（地域づくり）の両立のために、ケアマネジャーは支援経過を使いこなすことが求められています。その一助に本書がなれれば幸いです。

　最後になりましたが、改訂版から引き続き、第一法規株式会社出版編集局編集第三部 山崎嘉絵氏に大変お世話になりました。この場をお借りして、心より御礼申し上げます。

2021年7月
一般社団法人あたご研究所　　後藤　佳苗

改訂版発行にあたり

　2016年10月に発行して以来、知人を中心に、「運営基準減算回避に必要な記載ポイントがわかりやすい」「事業所としての支援経過の質の向上に取り組むきっかけとなった」など、好評をいただいていた本書ですが、2018年の法令改正・報酬改定に対応し、改訂版として装いを新たに発行する運びとなりました。

　改訂版の作成にあたっては、多忙を極めるケアマネジャーや事業所が短時間で確認ができ、日常業務での負担ができるだけ軽くなるよう、
① 最新の改正等に沿った内容について修正はするが、基本的な構成は変えない
② 複数箇所に記載されていた部分についてはいずれかにまとめる
などを方針としました。

　必要な部分は生かしつつ、削れるところは削り、最新の情報に対応している改訂版です。初版をお持ちの場合にも、日常業務の更なる効率化のため、改訂版もお手元に置いていただければと思います。

　最後になりましたが、今般の改訂版発行にあたり、惜しみないご支援を頂戴した山崎嘉絵様をはじめ、第一法規株式会社編集第三部の皆様に心よりお礼申し上げます。

2018年5月

あたご研究所　　後藤　佳苗

1. 本書作成のきっかけとねらい

　居宅介護支援経過（以下「支援経過」）の書き方に悩むケアマネジャーは多く、「教わったことはあるけど自信がない」「何をどこまでどう残してよいのかわからない」「つい冗長になってしまう」「いつも同じ内容になってしまう」などの意見を聞くこともあり、新人からベテランまで、基礎資格や経験年数等にかかわらず悩まれている印象を受けています。

　そのような中、実際の支援経過をケアマネジャーと行政職の双方に確認したところ、以下のような現状が確認できました。

---

1) 支援を提供した証拠としての記録が残せていない
2) 算定に必要な事項の記載が漏れている
3) 残してはならない内容が記録として残っている
4) 事業所内で記載事項や内容の統一ができていない
5) 記載者（ケアマネジャー）も現状を良しとはしていないため、自身の記録を見るたびに悩んだり、困ったりして時間ばかりが過ぎ、ますます記録する意欲も時間も減る悪循環に陥っている

　このような現状をもとに、書類の量が膨大な介護支援分野の中でも、特に、支援経過に関して、ケアマネジャーの不安や負担を軽減し、自信を持って記録に向き合えるようにすることで、適切で効率的な働き方ができるよう、手助けがしたいと考えました。

2. 本書の構成

　本書は、支援経過の"書き方"、"活かし方"、"残し方"に関する理解を深め、記録力の向上を目指すため、三つの章で構成しています。

　第1章は、支援経過を記載するために理解したい基本的な事項である、ケアマネジメントの定義や支援経過に関するルールを確認した後、支援経過を記載する際に意識したい内容やポイントなどを掲載しています。

　第2章は、ケアマネジメント過程ごとの留意点（実地指導における運営指導に該当する部分）を、第3章は、居宅介護支援における加算算定に必要な知識（実地指導における報酬請求指導に該当する部分）についてまとめました。

　両章とも、法令や告示、通知を確認した上で、模擬事例とクイズによって、「何を残さねばならないのか（義務）」「何を残すよう努めるべきなのか（努力義務）」「何を残してはならないのか」などを考え、日ごろのケアマネジメントの振り返りにも、実地指導等への対策としても自分ならどう記録するかを考えながら主体的に確認してください。

　本書が、ケアマネジメントとコンプライアンスの視点から支援経過を見直し、"介護支援に必要な能力開発"に取り組むケアマネジャーや事業所・事業者を応援する一助になれれば、これ以上の喜びはありません。

2016年9月

あたご研究所　　後藤　佳苗

目 次

第 1 章　支援経過の書き方　● 記載に必要な基礎知識

第2章 支援経過記載の活かし方 ● 運営編

第3章 支援経過記載の残し方 ● 報酬請求編

本書で使用する主な法令等の「略称」と「正式名称」及び概略

	略 称	正式名称	概 略
●	法	介護保険法 （平成 9 年法律第 123 号）	介護保険制度の目的、各サービスの定義、サービス給付の内容等について定めた法律です
◎	施行規則	介護保険法施行規則 （平成 11 年厚生省令第 36 号）	法を補足する細かい規定について定めた省令です
◎	運営基準	指定居宅介護支援等の事業の人員及び運営に関する基準 （平成 11 年厚生省令第 38 号）	居宅介護支援を提供する上で満たすべき人員、運営方法等の基準を定めた省令です
○	算定基準	指定居宅介護支援に要する費用の額の算定に関する基準 （平成 12 年厚生省告示第 20 号）	居宅介護支援費に関する基準を定めた告示です
○	利用者等告示	厚生労働大臣が定める基準に適合する利用者等 （平成 27 年厚生労働省告示第 94 号）	算定基準等で示された内容の一部について、より具体的な内容を定めた告示です
○	定める基準	厚生労働大臣が定める基準 （平成 27 年厚生労働省告示第 95 号）	算定基準等で示された内容の一部について、より具体的な内容を定めた告示です
※	解釈通知	指定居宅介護支援等の事業の人員及び運営に関する基準について （平成 11 年老企第 22 号）	運営基準（省令）の内容を補足し、解釈を加えた通知です
※	算定基準の解釈通知	指定居宅サービスに要する費用の額の算定に関する基準（訪問通所サービス、居宅療養管理指導及び福祉用具貸与に係る部分）及び指定居宅介護支援に要する費用の額の算定に関する基準の制定に伴う実施上の留意事項について（平成 12 年老企第 36 号）	算定基準（告示）の内容を補足し、留意事項等を解釈した通知です
※	標準様式通知	介護サービス計画書の様式及び課題分析標準項目の提示について （平成 11 年老企第 29 号）	ケアプラン等の標準的な様式と記載上の留意事項、課題分析の標準項目などを示した通知です
※	改正見直し通知	居宅介護支援等に係る書類・事務手続や業務負担等の取扱いについて（令和 3 年老介発 0331 第 1 号・老高発 0331 第 2 号・老認発 0331 第 3 号・老老発 0331 第 2 号）	煩雑で負担となる書類作成や事務手続への対応の例などを示した通知です

●法律、◎省令、○告示、※通知

（著者作成）

Memo

第1章

支援経過の書き方
● 記載に必要な基礎知識

目次

ケアマネジメント過程に係る帳票は、相談（依頼）受付票、重要事項説明書、契約書、個人情報使用同意書、アセスメントシート、ケアプラン、サービス担当者会議の要点、モニタリングシート、給付管理票など、その過程で標準的に使用する帳票や定められている様式なども含め、多種多様です。

　このようにたくさんの帳票がある居宅介護支援において、利用者との出会い（相談・受付）から支援の終了（終結）までの、ケアマネジメント過程の全ての局面で使用するのは「居宅介護支援経過」（以下「支援経過」）です。

　しかし、どのケアマネジメントの局面でも活用できるからこそ、支援経過の記載があいまいになってしまったり、不十分になってしまったり、取扱いが雑になってしまったりすることもあるようです。

　このような現状を踏まえ、第1章では、支援経過の目的や意義に沿った書き方を中心に、確認をしていきます。

支援経過を記載する目的

　居宅介護支援経過（以下、支援経過）を記載する目的は、実地指導や監査に対応をするためではありません。支援経過は、**利用者への適切な介護支援の提供を保障**するために記録する書類です。支援した経過を記録（文章）で残しておくことにより、限りのある人間の記憶力を補完し、適切な支援の継続を可能とするのです。

　もちろん、公的な保険である介護保険制度に基づいて仕事をしているのですから、必要な記録を残し、指定監督者が行う実地指導等に備えることや、法的な紛争等の危険性を予防することも必要です。しかし、実地指導等への備えとなる記載は、一つの手段若しくは目的達成の過程で到達できる内容です。法的な側面ばかりに捉われ過ぎて、本来の支援経過の目的を見誤ることのないようにしましょう。

　また、介護支援専門員（ケアマネジャー）の定義は、法第7条第5項にて、要介護者等からの相談を受け、その自立した日常生活を営むため必要な援助に関する専門的知識及び技術を有し、連絡調整等をする者とされています。
　この**連絡調整等**の役割を果たすためにも、支援経過は重要な書類といえるのです。

第2節　支援経過の機能

前節で述べた支援経過を記載する目的の達成に努めることにより、次のようなメリットが生まれ、ケアマネジメントの充実につながります。

1）支援の質を維持、向上させる

支援経過の記載や見直しの過程は、自身の介護支援を客観的に見直す過程でもあります。自身の支援を見直すことは、専門職としての自己覚知を促し、これにより支援の質を維持し、向上させることができます。

また、ケアプラン点検支援や実地指導、主任ケアマネジャーへの事例相談等の機会に、支援経過を自分以外の第三者に確認してもらうことにより、支援に関するスーパービジョンを受けることもできます。

ケアマネジャーという職種全体の成長のための質的な研究の基礎的資料としても、一人ひとりのケアマネジャーが記載した支援経過は、もっと有効活用されるべきと考えます。

2）支援の一貫性を保つ

居宅介護支援において、支援経過を読むのは担当のケアマネジャーだけとなることが一般的です。しかし、目的に沿った支援経過を残すことにより、担当交代（引継ぎ）時や、担当不在時の急な連絡等の際にも情報共有が円滑になり、目標を異にせず、適切に対応できるようになります。

3）支援の証拠資料となる

　ケアプランは、利用者が**法定代理受領方式**で介護サービスを受けること
を可能とする公的な書類です。このケアプランを作成する過程全てに係る
支援経過も、**公的な書類**としての位置づけを有しています。

　支援経過は、ケアマネジャーや事業所のメモ帳ではありません。公的な
書類であり、利用者等や行政機関からの開示請求には、適切な対応をしな
ければならない記録なのです。

　このように、利用者への適切な介護支援の提供の記録を支援経過として
残すことにより、支援の質を維持・向上させるとともに、支援に一貫性を
もたせ、公的な証拠資料ともすることができるのです。

Ｃolumn　法定代理受領方式

　法定代理受領方式とは、事業者等がサービスを提供した場合、そ
の費用の９割（若しくは８割、７割）を利用者に代わって市町村等に
請求し、報酬を受け取る一般的なサービスの提供方法のことを指し
ます。

　法定代理受領方式をとることにより、利用者は、最初から１割（若
しくは２割、３割）の自己負担でサービスを受けられるので、金銭的
な負担からサービスを使い控えるなどの不利益を避けられるとされ
ています。（⇔償還払い方式）

第3節 支援経過を活用する ケアマネジメントの局面

「ケアマネジメント」は、保健医療福祉分野においては、年齢や性別、健康度、障がいの有無等にかかわらず使用する用語です。このため、ケアマネジメントの定義化（概念枠組みの形成）を多くの学者・研究者・実践家たちが試みていますが、使用される分野が多岐にわたること、対象が多様であることなどから、ケアマネジメントに関する統一された定義はいまだないといわれています。

このように、ケアマネジメントの定義はさまざまですが、ケアマネジメント過程（プロセス）については、"**複数の小さな局面に分かれ、円環（循環）的な過程をたどる**"、そしてこのプロセスを繰り返すことによって、利用者の望む暮らしを発見し、達成していくとする考え方が共通認識となっています。

状況の変化に対応し、利用者の望む暮らしを発見するためには、一方向へ向かう流れではなく、PDCAサイクルを意識した円環（循環）的な過程をたどる（同じ手順を繰り返す）必要があるのです。

ケアマネジメントにおけるPDCAサイクルとは、「Plan（計画：課題分析を基に、ケアチームの専門性を出し合い、計画を作成する）」→「Do（実施・実行：計画に沿ったサービス提供を行う）」→「Check（点検・評価：計画どおりに実行されているかどうかを確認する）」→「Action（修正・改善：予定どおりになっていない部分を調べ、対処する）」を指します。

　居宅介護支援におけるケアマネジメント過程は、運営基準にて、①受付・契約、②課題分析（アセスメント）、③ケアプラン原案の作成、④サービス担当者会議、⑤ケアプランの実行、⑥モニタリング、⑦再アセスメント、⑧終結の８つの局面に分けられます。

　このサイクルを繰り返すことによる自立支援（本人が本人らしく生活するための支援）がケアマネジメントであり、本人自身の力を高めていく**広義の権利擁護**ともいえるものです。

　すなわち、全ての局面において活用される支援経過は、利用者へ適切な介護支援を提供していることを証明するものでもあるのです。

図　ケアマネジメントの過程（PDCA サイクル）

出典：NPO 法人千葉県介護支援専門員協議会編集、後藤佳苗著『基礎から学べる「ケアマネジメント実践力」養成ワークブック』中央法規出版、2011 年（P24 一部改変）

第4節　支援経過の記載要領等

1. 支援経過の記載要領

　　令和3年3月31日付で、標準様式通知が13年ぶりに改正され、第5表も標準様式の変更と、記載要領の大幅な追加がなされました。

　　標準様式通知　別紙1の5　第5表 ：「居宅介護支援経過」に記されている記載要領は次のとおりです。

　　モニタリングを通じて把握した、利用者やその家族の意向・満足度等、目標の達成度、事業者との調整内容、居宅サービス計画の変更の必要性等について記載する。

　　漫然と記載するのではなく、項目毎に整理して記載するように努める。

　　第5表「居宅介護支援経過」は、介護支援専門員等がケアマネジメントを推進する上での判断の根拠や介護報酬請求に係る内容等を記録するものであることから、介護支援専門員が日頃の活動を通じて把握したことや判断したこと、持ち越された課題などを、記録の日付や情報収集の手段（「訪問」（自宅や事業所等の訪問先を記載）、「電話」・「ＦＡＸ」・「メール」（これらは発信（送信）・受信がわかるように記載）等）とその内容について、時系列で誰もが理解できるように記載する。

　　そのため、具体的には、

・日時（時間）、曜日、対応者、記載者（署名）

・利用者や家族の発言内容

・サービス事業者等との調整、支援内容等
・居宅サービス計画の「軽微な変更」の場合の根拠や判断
　等の客観的な事実や判断の根拠を、簡潔かつ適切な表現で記載する。
　簡潔かつ適切な表現については、誰もが理解できるように、例えば、
・文章における主語と述語を明確にする、
・共通的でない略語や専門用語は用いない、
・曖昧な抽象的な表現を避ける、
・箇条書きを活用する、
等わかりやすく記載する。
　なお、モニタリングを通じて把握した内容について、モニタリングシート等を活用している場合については、例えば、「モニタリングシート等（別紙）参照」等と記載して差し支えない。(重複記載は不要)
　ただし、「(別紙)参照」については、多用することは避け、その場合、本表に概要をわかるように記載しておくことが望ましい。
　※ モニタリングシート等を別途作成していない場合は本表への記載でも可。

（下線が令和３年３月の標準様式通知の改正で追加された部分。一部修正）

　支援経過は、ケアマネジャーがケアマネジメントを推進する上での判断の根拠や介護報酬請求に係る内容等を記録するものです。つまり、ケアマネジャーの定義（法第７条第５項）に示されている「連絡調整等」の役割を果たしていることがわかるよう、項目ごとに整理して記載することに変更はありません。

　ケアマネジャーは、利用者の主観的情報と客観的な情報、専門職の判断などを意図的に分けて記載し、第三者が見てもわかりやすい記録になるよう心がけます。

また、誰もが見るケアプランには記載できないが、重要な内容と判断できるものについても支援経過に記載します。具体的には、利用者と家族の認識に違いがある場合や、利用者と家族がそれぞれに知られたくない内容などで、ケアプランの作成や介護報酬請求に関連する情報など、介護（支援）を提供するうえで重要になる情報についてです。

2．支援経過の取扱い

　なお、標準様式通知の別紙３のⅢにおいて、支援経過も情報開示を前提とした資料であることが示されています。

Ⅲ　様式を作成するに当たっての前提（順不同）
○利用者及びその家族からの開示請求がなされた場合には開示することを前提に考える。
○サービス担当者会議に提出するものであることを前提に考える。
○同一用紙に介護サービス計画の変更を継続して記録していくものではなく、介護サービス計画の作成（変更）の都度、別の用紙（別葉）に記録する、時点主義の様式を前提に考える。
（以下略）

　つまり、支援経過は、ケアマネジャーの個人的なメモではなく公的な記録です。「（自分以外）誰も見ないから…」と、感情的な表現をしたり、ケアマネジャーの思いや判断が先行したり、中立的な立場を維持していないことが明らかな記録が不適切であることはいうまでもありません。

第5表						居宅介護支援経過		作成年月日　　年　　月　　日

利用者名　　　　　　殿

居宅サービス計画作成者氏名

年月日	項目	内容	年月日	項目	内容

第5節 支援経過記載時のルール

　本節では、支援経過記載時のルールともいえる、ケアマネジャーが意識したい内容について、具体的な記載方法などを示しながら解説します。

1. 公的な書類であることを意識する

　支援経過は、交付や開示が義務である書類には該当しませんが、標準様式通知別紙3（本章第4節参照）にも示されているように、利用者からの求めに応じ開示を前提とする書類です。

　このため、利用者を傷つけたり人格を否定したりするような表現を残すことをしてはなりません。

　また、感情的な記載は、記録としての価値を下げます。自身の支援の価値を下げるような作業（不適切な支援経過を残すこと等）を繰り返す無駄な時間は、多忙を極めるケアマネジャーには与えられていません。

　このような前提を踏まえ、記載時には次のような点を意識しましょう。

1）日時、曜日、記載者を記載する

　公的な記録である支援経過の主な役割は、**ケアマネジメントの推進と報酬請求事務**に関する根拠として活用されることがほとんどです。しかし、最近では、法廷における相続に関する係争等に活用されることもあると聞

きます。

　公的な記録としての体裁を整えるためには、支援の流れ（順序）がわかるよう、日付だけではなく**時間（日時）**を、そして日付との整合性の確認できる**曜日**を、併せて**記載した者**（署名やサイン）が明記されていることが原則です。

2）黒若しくは青のボールペンで記載する

　支援経過を記載する際には、**開示請求に適切な対応**ができるかどうかも意識しましょう。

　支援経過に上書きや追加した場合、その部分がわかるように赤で記載する人もいますが、赤字はコピーした際に見えなくなってしまうことがあります。赤で書いたから大丈夫と思い込み、コピー等をした際に修正の時点が明確にならないこともあるため、不適切です。

　また、消すことができるボールペンは、熱により書いた文字が消える仕組みです。コピー等により消えてしまう可能性もあるため、支援経過への使用は控えましょう。

3）適切な表現で記載する

　"適切な表現"とは、**主語と述語を明確にする**こと、**略語や専門用語を安易に用いない**こと、**一つの文章を長くしすぎないようにする**ことなどを意味します。

　併せて、私的なメモではないといいながら、支援経過の述語部分を省略し、"！"や"？"の記号で終了している文章や、"（笑"や「…」（発言がなかったことがわかるよう、…を「」で囲ったもの）などのくだけ過ぎた表現を見かけることも増えている印象です。

　適切な表現での記載を考える際には、昨今の多様な表現についても、公

的な書類である支援経過に適切か否か、第三者が見た際にどのように感じるか、という**客観的な視点で確認**しながら記載しましょう。

4）修正への対応は、時点と修正者を残す

　公的な書類として、記載した時点を明らかにすることが求められます。特に、修正した場合には「**いつ**」「**誰が**」「**どのように**」修正をしたのかの3点が明確になるようにします。

　このため、修正をする際には、修正したことがわかるよう書類の冒頭部分に時点を記載し、黒字で記載しましょう。

修正への対応の例

修正箇所、修正内容、修正時点、修正者がわかるように修正します。

心身 21210801（サイン）※
利用者は、**身体**の状況等により署名ができないため、利用者本人の意思を確認のうえ、私が利用者に代わって、その署名を代筆しました。

※（サイン）には、修正者がわかるよう名字などを記入します。

2. ケアマネジメントの
証拠となる書類であることを意識する

　支援経過に記載すべきことは、居宅介護支援に関する内容です。ケアマネジメント過程を適切に行っていることの証拠となるよう、支援経過には事実と根拠を記載します。想像の域を出ないことは記載せず、あくまでも事実を記すことが重要です。

　この前提を踏まえた上で、次のような記載を意識しましょう。

1）目的やタイトルを記載する

　目的やタイトルを最初に記載することにより、**記載者の意図が明確**になります。また、記録を書く目的を確認してから記載を始めることになるため、**記録が冗長になりにくい**というメリットもあります。

　なお、目的やタイトルとは、実施した内容や手段を記載するという意味ではありません。その内容や手段を選択して実施した"目的"を記載するという意味です。目的と実施内容の違いに注意して記載しましょう。

目的の間違えやすい記載とその修正例

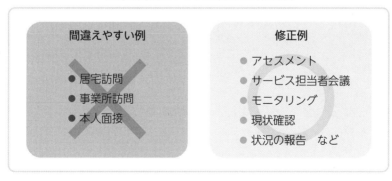

間違えやすい例	修正例
● 居宅訪問	● アセスメント
● 事業所訪問	● サービス担当者会議
● 本人面接	● モニタリング
	● 現状確認
	● 状況の報告　など

2）実施方法などを記載する

　目的やタイトルと合わせて、見やすい場所に実施方法と手段ややり取りした相手についても記載します。

　記載する際には、"訪問"だけではなく"居宅訪問""事業所訪問"など行き先を併せて記載し、"電話"だけではなく"電話発信""電話受信"など、どちらが求めたかがわかるようにします。

目的、実施方法等の記載例

日付	項目	内容
20XX年 ○月○日(木) 13:00〜 　　　13:45	居宅訪問❷ 本人、娘と面接❸	**目的** モニタリング❶ (以下略) （サイン）

　記載例の場合は、❶目的　❷手段や場所　❸やり取りした相手　となっています。

28

3. 他者が読むことを意識する

　支援経過はケアマネジャーの個人的なメモではないという意見に賛同しないケアマネジャーはいないと思います。しかし、実際の実務においても公的な書類であることを意識して記載できているでしょうか？　このような問いかけとともに、次の点を意識して記載しましょう。

1）丁寧な文字で記載する

　支援経過の記載は、パソコン等での入力が主流と思われますが、手書きの場合は、**丁寧な文字**で記載することが求められます。

　手書きで支援経過を記載する場合、自分以外の誰かが読むことを前提に、つまり**読み手を意識しながら記載する**こと、これが、丁寧な文字で記載するための第一歩です。

　上手な文字である必要はありません。しかし、読みやすい文字である必要性を認識し、読みやすい文字を書くための知識は有しておきましょう。

　文字の丁寧さは、情報開示請求を受けた場合などの心象にも影響するといわれています。丁寧に文字を書くことは、いつも以上に時間がかかります。しかし、この時間は、**利用者や担当者への誠意**ともいえる時間です。

　手書きで支援経過を記載する場合に、ケアマネジャーの書いた文字は、支援している利用者やケアチームのメンバーへの誠意を残す手段でもあることを意識して記載しましょう。

手書きの場合の読みやすい文字の書き方の例

- 文字は楷書で記載する
- ローマ字、アルファベットは、筆記体を使わない
- 罫線が引いてある用紙を利用し、罫線の幅の 1/3 ～ 2/3 までの大きさで記載する（罫線の幅いっぱいの大きさの文字で記載しない）
- インクのにじみやすいペンや消すことのできるペン等を使わない

2）事業所内でルールを決める

　利用者の価値観にケアマネジャーの価値観を対応させながら行う介護支援においては、支援経過の記載内容が、一人ひとりのケアマネジャーによって異なるのは、ある意味仕方のないことでしょう。

　しかし、ケアマネジメント内容以外の部分（日時、目的、実施方法や署名またはサインなど）が、記載者ごとに異なる記録を、記載者以外が読むことはなかなかに困難な作業です。

　このため、ケアマネジメント以外の部分を同じ場所に記載するなどの事業所内の共通のルールを作ることをお勧めします。これにより、適切な支援ができているか、報酬請求に必要な記録の漏れはないかなどについて、**第三者が確認する際の利便性が向上する**だけではなく、**記載者が自身の記録を振り返り確認する際や、新人職員等へのスーパービジョン**などにも役立ちます。

Column 不適切な記載例とその修正例

● 不適切な記載例1

「虐待の疑いあり」

■ 解説

「虐待」はさまざまですし、「虐待」とするのはケアマネジャーの解釈や判断が入っているため不適切です。

　虐待の疑いをケアマネジャーが感じた事実を記載します。

■ 修正例

● 身体的虐待（疑いを含む）の場合の例

右ほほが腫れている。利用者は、「階段から落ちた」と話す。事業所から担当のヘルパーに確認したところ、「昨日の訪問時にはあざはなかった。2階は息子夫婦のスペースだから本人が上がることはない」との情報を受けた。その後、地域包括支援センターの主任ケアマネジャーに状況を報告する。

● 心理的虐待（疑いを含む）の場合の例

長男は「みんなのために早く死んでくれ」と本人に向けて話しかけ、本人は下を向いたまま顔を上げない。その場でケアマネジャーが「本人は、そのような発言を受ける存在ではない」と、長男に伝えたところ、長男は「冗談を真に受けすぎだよ」と笑っている。

● 経済的虐待（疑いを含む）の場合の例

通所介護の支払いが5カ月滞っていることを本人に伝える。半年前か

ら通帳を含めた経済的な管理を長男が行っているため、わからないとのこと。本人からケアマネジャーに対し「支払いの遅れの理由を長男に確認してほしい」との依頼を受ける。

● **性的虐待（疑いを含む）の場合の例**

インターフォンを押してから5分程度待たされたあと、ズボンを上げながら夫が玄関を開けてくれる。利用者のパジャマは乱れ、下半身は下着もはいていない状態。「看護師じゃないのに必要ない」等との夫の制止のため、ケアマネジャーは女性器等の状態は直接確認していない。

● **介護・世話の放棄・放任（疑いを含む）の場合の例**

1日の食事として長男の妻が枕元に置いていく食パン（8枚切り1枚）を寝たままの状態で水とともに食べている。

● **不適切な記載例2**

「問題なし」

■ **解説**

ケアマネジャーが「問題がない」と判断した状況の記載が必要です。

■ **修正例**

● 段差が解消されたことにより、自宅内での転倒の危険性が減った。

支援経過記載の上達と業務管理

1. 支援経過記載を上達させるために必要な条件

1）ソーシャルワーカーとしての技能向上

　研修会などで、「どうしたら支援経過を上手に書けますか？」という質問を受けることも多くあります。今まで確認してきたことも加味したうえで、本節では、支援経過が書きにくい理由について、私なりの考えを示させていただきます。

　結論から言えば、上手な支援経過を書くためには、ケアマネジャー（ソーシャルワークの専門家）としての技能を上げる必要があります。

　"専門職としての技能を上げるためには、まずは量をこなす（たくさんの人を担当する）こと""量が質を生み出す"という言葉があります。専門職としての専門性を向上させる（能力を開発する）ためには、まずは量（数）をこなして経験を積み、経験を重ねた先に質が生み出されるという意味であり、対人援助職に共通して使われている言葉です。つまり、**経験を積むことが、専門職のレベルアップの一番の近道なのです。**

　しかし、居宅介護支援においては、運営基準第2条第2項で常勤ケアマネジャー1人あたり、居宅要介護者35人までの担当が基準とされています。

高齢者とその家族の満足度を保ち、健康と安全を守り（丁寧なケアマネジメント）を担当するケアマネジャーの力量の差を生じさせずに提供するためには、適切な人数の設定だとは思いますが、専門職として短時間で技能を上げるためには圧倒的に数が少ない、厳しい上限設定ともいえるのです。

2）ケアマネジャー業務は、「複雑な業務」

　また、世間一般とケアマネジャーの双方に誤解されている場合も多いのですが、高齢者への支援や介護は、単純作業（ルーチン：決まりきった手順、日課）には分類されません。

　確かに、介護保険サービスを利用するためには、やるべきことや手順は決まっていますが、高齢者への支援は**個別性を原則**とし、求められるレベルは、行動と思考の双方（行動だけではなく考え方の標準化が必要）です。支援する対象が異なれば、支援の内容も異なります。つまり、ケアマネジャー業務の多くは、「**複雑な業務**」に分類されるのです（「ルーチンの業務」が占める割合は多くありません）。

　ここからは、E．エドモンドソンの著書を使い、確認を進めます。

　エドモンドソンは、チームビルディングの重要性とその手法を説明する際に、「プロセス知識スペクトル」の図を示し、プロセス知識を、「望む結果を生む方法の知識のこと」と定義しました（図参照）。

　プロセス知識が十分に身についている、あるいは深まっている「ルーチンの業務」の場合は、不確実性は小さくなるため、あらかじめ受けた指示に従えば、一定の結果を得られることになり、反対に「イノベーションの業務」では求められる知識の多くがまだ見出されていないため、効果は未知数になるなど不確実性も高くなります。

図 プロセス知識スペクトル

出典：エイミー・C・エドモンドソン（著）、野津智子（訳）『チームが機能するとはどういうことか』英治出版、2014年（P49）

　先に、ケアマネジャー業務の多くが、「複雑な業務」に該当することを確認しました。つまり、この複雑な業務を記録する支援経過は、知識の成熟度が不十分なものも含まれ、かつ、不確実な業務についても記載しなければならないのです。このため、ソーシャルワーカーとしての技能が向上しなければ、支援経過が上手に書けないということにもつながるのです。

2．支援経過記録の管理

1）「ルーチン業務」の徹底と浸透

　支援経過に記載する内容のうち、介護保険法令で示されている内容については、ルーチンの業務に該当する内容であり、この内容を遵守することにより、運営基準減算を回避し、介護報酬請求などの説明責任を果たすことにもつながります。

　まずは"習うより慣れろ"。ソーシャルワーカーとしての技能が上がるまで待たずに、まずは**ルーチンの業務をしっかりと記載できる能力を身につける**ことが、業務の効率化につながり、一人ひとりの利用者に向き合う

時間を増やします。また、運営基準減算を回避するなど安定した事業所経営の継続は、質の高い人材の確保にもつながっていくのです。

　ときに、「支援経過の書き方を習ってどうするのか」などと口にするベテランケアマネジャーもいます。支援経過の記載には、ソーシャルワークの専門家としての技能が必要になるため、この考え方も一部は間違いではないでしょう。

　しかし、社会保障制度として運用されている介護保険制度においては、法令通知を根拠として仕事をする側面（**法的な義務を果たす必要性**）もあるため、守るべき法令等が示され、守れなかった場合のペナルティも付されています。まずはルーチンの業務にあたる法令通知に基づいた記載について、先達がその知識と技術を伝達し、経験の有無にかかわらずエドモンドソンの提唱するところの“不確実性を下げる”よう、**方向性（道すじ）を示す**ことが求められているのです。

2）支援経過の記載漏れを防止する〜“記憶”と“時間”を使いこなす〜

　前述したとおり、ケアマネジャーは、専門職としての成長に時間がかかる（量的な制限のあるルールで働く）環境の中で、支援経過の記載を上達させなければなりません。実務においては数をこなせない分は、**復習（反復）を活用し補てん**していくことを意識しましょう。具体的には、記載後に時間をおいてから**定期的に支援経過を見直す**習慣をつけることが効果的です。

　このとき（支援経過を見直す際）は、文章表現に注目するよりも、**計画の作成（変更）に必要な記録がされているかどうか**に着目します。そして、記録がない場合には、記録から抜いた（抜けた）理由を説明できるかどう

か確認をします。

　記録から抜いた理由が、記載する必要がない（重要な情報でない）ことが明確、若しくは判断した経緯などをケアマネジャーがすぐに説明できるのでしたら、その記録は不要な記録です。しかし、説明できない場合には、その記録が漏れてしまった理由や経緯について、振り返り考察すべきでしょう。

　記録から重要な情報が抜けてしまう主な要因として、①時間の経過（**記憶の薄れ**）と②衝撃的な出来事による**記憶のゆがみ**が挙げられます。

　質の高い記録には、“記憶”の量と質がカギになるため、記憶が新しいうち（実践後のできるだけ早いうち）に記載することが原則です。記憶が新しければ、思い出すための時間が不要ですし、必要性を判断しながら記載することもできます。

　反対に、緊急対応などの場合には、少し時間を置いてから記載をしたほうが良い場合もあります。

　ケアマネジャーは、予定外の業務にあたることもあり、この中には、緊急対応業務も含まれています。具体的には、高齢者虐待事例への介入、感染症への対応、大規模災害の被災者への支援など、特殊な重大案件へのきめ細やかな対応も期待されています。

　このような緊急対応を行った事例や業務については、あえて一度立ち止まり、時間をとってから記載することが必要になることもあります。人間は、非日常的な事態に遭遇すると、衝撃的な出来事ばかりに注目し、全体を俯瞰しにくくなります。このため、必要な情報の書き漏れを起こしてしまう危険性があるのです。

専門職とは、記憶ではなく記録で働く職種です。適切な記録のためには、記憶を使いこなす意識と技術も必要になること、その一つとして、"時間軸"を意識して記録と向き合いましょう。

3）計画に関連しない記載は不要

　支援経過には、計画に必要な情報だけを記載します（支援経過には、生活課題等に関係しない内容を書く必要はありません）。

　このようにお伝えすると、「支援経過に計画にしていないことや、計画につながらないことが書けないのはおかしい」という人もいるでしょう。

　しかし、支援経過の記載がしたい（したほうが良い）とケアマネジャーが判断する場合には、計画の見直しを検討するという原点（ケアマネジメントのPDCAサイクル）に立ち戻る必要性が高いということから目を背けてはなりません。

　逆説的な考え方になりますが、計画に沿っていない内容を冗長に（漫然と）、そして反復して記載する行為は、計画が不十分であることを証明する行為でもあります。

　このため、繰り返し同じ内容を記載する必要性は低いのですが、虐待の可能性や事故の予防に関連する内容については、意識して定期的に支援経過に記入し、計画の見直しが必要かどうかを判断する材料としているのです。

支援経過の質と
介護支援専門員の質

第 **7** 節

　本節では、支援経過を記載する際に専門職としてしっかり意識しておきたい内容について、まとめます。

　私は事業所のコンサルテーション等をする際には、まずは支援経過を確認するようにしています。なぜならば、**支援経過の記載レベルとケアマネジメントのレベルは連動（比例）する**と考えているからです。私の経験則ですが、支援経過を見れば、その事業所と記載したケアマネジャーのレベルが大まかに把握できます。

　支援経過は、支援を保障するものであることは、本章第1節で確認しました。つまり、優れた支援経過は、実践の質を保障します。ケアマネジャーは、研究者や学者ではなく、**介護支援の実践家**です。すなわち、支援経過の記載が不十分な事業所やケアマネジャーは、優れた実践をしていないとみなされても仕方がありません。

　優れた支援経過を書いているケアマネジャーの全てが優れた実践家とは限りません。しかし、優れた実践家で、優れた支援経過が書けない人はいません。つまり、優れた支援経過が書けるようになって初めて、優れた実践家として認められるともいえるのです。

たくさんの記録を拝見して感じている私的な見解ですが、優れた実践を
している（質の高いケアマネジメントを提供している）事業所やケアマネ
ジャーの記録には、以下のような共通点や特徴があります。

優れた実践家による記録の共通点

(1) 利用者に対するポジティブな視点での記録が多い

(2) 内容が正確で、事実がありのまま記載されている

(3) 不適切な対応についても記載されている（このため、失敗を繰り
　　返さない、失敗から学ぶことが可能などのよい風土が生まれる）

(4) 客観的事実と主観的事実が分けて記載されている

(5) 利用者本人が見ても問題ない表現がされている（「見せてほしい」
　　と依頼するとすぐに見せてもらえる）

　支援経過を書く際には、時間の経過に縛られず、支援を振り返り、"**流れ**"
を意識して記載するとスムーズです。

(1) いつ・どこで・何があったか

(2) （1）に対して誰がどのように対応したか

(3) （2）の結果どうなったか

(4) 考察（ケアマネジャーの判断）

　この流れで支援経過を記録することからも、先に確認した通り、日時等
を明確にし、記録の目的を残し、誰の判断かがわかるよう署名やサインが
必要となるのです。

Column 法律と法令、法令と条例の関係を理解しよう

1）法律と法令

法律とは、そのまま"**法律**（国会が議決するもの）"を指し、法令とは、"**法律＋政令**（内閣が制定するもの）＋**省令**（担当省の大臣が制定するもの）"を包含しています。

介護保険法令や通知は、ピラミッドのような形をしています。より上にいくほど数は少ないのですが法的な拘束力が強く、下にいくほど数は多く法的な拘束力が弱くなっています。相反するような内容が示されている場合は、より上位に位置づけられる内容を優先して選択しましょう（図参照）。

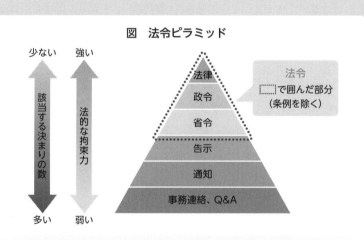

図　法令ピラミッド

- より上の位置にあるものほど、決まりの数は少ないが、法的な拘束力は強く、より下の位置になるほど、数は多く、法的な拘束力は弱い。
- 実務において、相反するような内容が示されている場合は、より上位に位置づけられる内容を優先して守らねばならない。

出典：NPO法人千葉県介護支援専門員協議会編集、後藤佳苗著『基礎から学べる「ケアマネジメント実践力」養成ワークブック』中央法規出版、2011年（P6～P7を改変）

2）運営基準（省令）の条例委任

　介護保険制度開始時点は厚生省（現厚生労働省）が定め、全国一律だった運営基準（省令）については、居宅介護支援の場合、2018年4月から市町村が制定する条例に委任されています。

　ただし、法令と条例の齟齬（そご）が生じないよう、条例に委任される基準の項目ごとに、「厚生労働省令に定める基準に**従い定めるもの**（異なる内容を条例で定めてはならない基準。以下、「従うべき基準」）」、「厚生労働省令で定める基準を**標準として定めるもの**（合理的な理由があれば、その範囲内で異なる内容を条例で定めることも認められる基準。以下、「標準とする基準」）及び「厚生労働省令で定める基準を**参酌（さんしゃく）するもの**（異なる内容を条例で定めることも可とされる基準。以下、「参酌すべき基準」）」の3つに分類されています（表参照）。

　このため、条例を制定する市町村は、全てを独自の基準で運用等はできませんが、それぞれの地域の実情に応じた条例が制定・運用がされています。

　特に、参酌すべき基準に該当する条項は、地域ごとに異なるものにすることもできる（地域による取り扱いのルールで運用される、市町村によって考え方に差や違いが生じる）内容です。

　この機会に各事業所の市町村の条例を確認しましょう。

Column 法律と法令、法令と条例の関係を理解しよう

表　指定居宅介護支援における条例制定時の類型など

類型	運営基準の該当条項
① 従うべき基準	第2条〜第4条（第1項、第2項）、第5条、第13条（第7号、第9号〜第11号、第14号、第16号、第18号の2、第18号の3、第26号）、第19条の2、第21条の2、第23条、第27条、第27条の2
② 標準とする基準	なし （指定居宅介護支援においては設定されていない）
③ 参酌すべき基準	第1条の2、第4条（第3項〜第8項）、第6条〜第12条、第13条（第1号〜第6号、第8号、第12号〜第13号の2、第15号、第17号、第18号、第19号〜第25号、第27号）、第14条〜第19条、第20条、第21条、第22条、第24条〜第26条、第28条、第29条、第31条

太字下線：運営基準減算に該当する条項

Memo

第2章

支援経過記載の活かし方
● 運営編

目次

第2章では、ケアマネジメント過程の8つの局面（①受付・契約　②課題分析（アセスメント）　③ケアプラン原案の作成　④サービス担当者会議　⑤ケアプランの実行　⑥モニタリング　⑦再アセスメント　⑧終結）を節とし、支援経過を確認します。

　全ての節を　1.意味と役割　⇒　2.模擬事例とクイズ　⇒　3.まとめ　という流れで構成しています。

　それぞれの局面において、1.意味と役割で法令・通知等をもとにした定義やルールなどを確認をした後、2.模擬事例で適切な支援をしているのに不適切な支援経過記録をしている場合が含まれる模擬事例を提示しながら、"書くべきこと""書いた方が望ましいこと""書いてはならないこと"について確認を進めます。そして、3.まとめでそれぞれの局面のポイントを再確認します。

　全ての節を同じ構成としているため、どの節から読み始めていただいても構いません。また、繰り返し確認することにより、それぞれの局面の関連性などについても理解を深めることでしょう。

　日ごろのケアマネジメント（利用者の権利擁護）とリスクマネジメント（事故予防等）を両立させる実践の振り返りにも、コンプライアンス（法令遵守）の徹底にも使える内容です。自身の実践を振り返りながら確認を進めてください。

介護サービスを利用するためには、利用者が事業者と契約する（法律行為を経る）ことが必要です。つまり受付・契約は、ケアマネジメントの中でも重要な局面です。

しかし、法令で受付・契約の責任主体（責任者）は、事業者（法人）とされていることからか、他の局面に比べて消極的な姿勢のケアマネジャーも見受けられます。

利用者の権利擁護を推進するためにも、専門職として成長を続けるためにも、ケアマネジメントの入口の局面（受付・契約）に関する記録を充実させることは大きな意味があります。

本節では、受付・契約の局面を充実させるための支援経過記載のポイントを確認しましょう。

1. 受付・契約の意味と役割

1）重要事項説明書の重要性

居宅介護支援の提供は、契約締結後に開始しなければなりません。これは、利用者と居宅介護支援事業者が対等な関係を構築した上で、サービスを選択する必要があるためです。

契約の方法は、基本理念としての高齢者自身によるサービス選択を具体化した運営基準第4条第1項（内容及び手続の説明及び同意）に次のように示されています。

> 指定居宅介護支援事業者は、指定居宅介護支援の提供の開始に際し、あらかじめ、利用申込者又はその家族に対し、第18条に規定する運営規程の概要その他の利用申込者のサービスの選択に資すると認められる**重要事項を記した文書を交付して説明を行い**、当該提供の開始について利用申込者の同意を得なければならない。

利用者は、指定居宅介護支援事業者についても、自由に選択できることが基本です。事業者は、利用申込みがあった場合には、あらかじめ、利用者又はその家族に対し、サービスを選択するために必要な情報について「文書」を交付して説明を行い、当該指定居宅介護支援事業所から居宅介護支援を受けることについて利用者からの同意を得なければなりません。この文書が「重要事項説明書」です。

つまり、介護保険法令においては、重要事項を文書で交付し、利用者若しくは家族に説明し、利用者の同意を得た日をもって"契約"とみなすため、契約書の署名日を契約日とは考えません[※]。

「契約書」を交し合う根拠は、解釈通知第二の3（2）に示されている「なお、当該同意については、利用者及び指定居宅介護支援事業者双方の保護の立場から書面によって確認することが望ましいものである。」であり、介護保険法令をもとにはしていません。

このため、挨拶等を目的として利用者と面接する際には、契約書のサイン等をもらうことを急ぐより、**重要事項説明書を交付して利用者若しくは家族に主要事項を説明していること、主要事項について利用者の同意を得ていること**（介護保険法令でいう「契約締結」）を徹底し、そのことが明確になるような支援経過の記載を意識しましょう。

※特定施設入居者生活介護事業者、介護予防特定施設入居者生活介護事業者、地域密着型特定施設入居者生活介護事業者には、「契約書」と「重要事項説明書」の二つの書類を活用した契約が、介護保険法令で義務づけられているので注意してください。

2）公正中立なケアマネジメントの確保

2018年4月からは、改正された運営基準第4条第2項（解釈通知第二の3（2））に従い、居宅介護支援事業者が、利用者やその家族に対して、文書により「複数の事業所の紹介を求めることが可能であること」「当該事業所をケアプラン（原案）に位置付けた理由を求めることが可能であること」の説明を行わなかった場合には、契約時から当該状態が解消されるまでの間、運営基準減算が適用されることになりました。

介護保険法令でいうところの契約とは、重要事項説明書を介した説明となるため、運営基準減算を避けるためには、重要事項説明書への追記等が必要になります。

加えて、解釈通知第二の3（2）において、「なお、この内容を利用申込者又はその家族に説明を行うに当たっては、理解が得られるよう、文書の交付に加えて口頭での説明を懇切丁寧に行うとともに、それを理解したことについて**必ず利用申込者から署名を得なければならない。**」とされていることからも、署名を受けることが望ましいでしょう。

具体的な対応策として、重要事項説明書に、制度改正を受けた内容について追加する必要があります。参考として追加部分の記載例の見本を次頁の重要事項説明書の記載例（抜粋）に提示しますので、それぞれの事情等にあわせカスタマイズして活用ください。

　なお、重要事項説明書は、運営規程の主要事項をまとめたものですから、書き換えによる届け出等は、事業者や市町村によって判断が異なるところです。事業者や地域の実情にあわせ、適切に取り扱いましょう。

Column 公正中立なケアマネジメントの確保（契約時の説明等）❶

重要事項説明書の記載例（抜粋）

居宅介護支援に係る事業所の義務について

1）指定居宅介護支援事業者は、指定居宅介護支援の提供の開始に際し、あらかじめ、利用者又はその家族に対し、利用者について、病院又は診療所に入院する必要が生じた場合には、介護支援専門員の氏名及び連絡先を当該病院又は診療所に伝えるよう求めます。

2）介護支援専門員は、指定居宅サービス事業者等から利用者に係る情報の提供を受けたとき、その他必要と認めるときは、利用者の口腔に関する問題、薬剤状況その他の利用者の心身又は生活の状況に係る情報のうち必要と認めるものを、利用者の同意を得て主治の医師、歯科医師又は薬剤師に提供します。

3）介護支援専門員は、利用者が訪問看護、通所リハビリテーション等の医療サービスの利用を希望している場合その他必要な場合には、利用者の同意を得て主治の医師又は歯科医師（以下「主治の医師等」という。）の意見を求めます。その場合において、介護支援専門員は、ケアプランを作成した際には、当該ケアプランを主治の医師等に交付します。

4）指定居宅介護支援事業者は、指定居宅介護支援の提供の開始に際し、あらかじめ、ケアプランが基本方針及び利用者の希望に基づき作成されるものであり、利用者は複数の居宅サービス事業者等を紹介するよう求めること、当該事業所をケアプラン（原案）に位置づけた理由を求めることができます。

5）当事業所のケアプランの訪問介護、通所介護、福祉用具貸与、地域密着型通所介護の利用状況は、別紙のとおりです。

5）については、重要事項説明書別紙（P57 コラム）もご確認ください。

3) 重要事項説明書別紙の活用

なお、2021（令和3）年の制度改正で運営基準第4条第2項に追記された内容についても、満たせていない場合には運営基準減算に該当します。

具体的には、以下の2つの割合について、年度ごとに①前期（3月1日から8月末日）と②後期（9月1日から2月末日）の2回計算し、**居宅介護支援の提供の開始に際し**、直近の①もしくは②の期間のものを説明する義務が追加されました。

> ・前6月間に作成したケアプランの総数のうちに訪問介護、通所介護、福祉用具貸与及び地域密着型通所介護（以下、「訪問介護等」という。）がそれぞれ位置づけられたケアプランの数が占める割合
> ・前6月間に作成したケアプランに位置づけられた訪問介護等ごとの回数のうちに同一の指定居宅サービス事業者又は指定地域密着型サービス事業者によって提供されたものが占める割合（上位3位まで）

このため、先に（2018年改正で）求められた項目については、ケアマネジメントの本質的な内容のため、長く使える表現となりますから、重要事項説明書本体に含めたうえで、重要事項説明書を交付し、丁寧に説明のうえ、同意を受けます。

反対に、今回（令和3年改正で）追加された内容については、半年ごとに更新する（修正が必要となる）項目のため、「重要事項説明書別紙」として、利用申込者に交付のうえ、説明、同意を受けることにしたほうがスムーズでしょう（P57コラム参照）。

2. 模擬事例とクイズ

　模擬事例を使用し、クイズ形式で支援経過記載のポイントを確認します。「何を残さねばならないのか（義務）」「何を残すよう努めるべきなのか（努力義務）」「何を残してはならないのか」について、自分ならどう記録するかという視点で、参加・体験しながら読み進めてください。

 ［事例1］の記載例を確認し、契約締結に関する記載が適切か否か、選択肢より選択してください。

［事例1］ **新規利用者への初回訪問時の支援経過**

20XX年 ○月○日(水) 10:00～ 12:00	居宅訪問 本人・娘と面接	**目的** 契約・初回アセスメント 　重要事項説明書を交付しケアマネジャーの自己紹介。主要事項について本人の同意を得る（担当の依頼を受ける）。あわせて契約書への署名も後日お願いしたい旨を伝え、了解を得る。 　契約締結後、アセスメントを実施。 (以下略)　　　　　　　　　（サイン）

☞ 選択肢

① 適切な記載である

② 不適切な記載である

■ 解答 ① 適切な記載である

■ 解説

　適切な記載がされている事例のため、記載例にコメントを付したものを提示します。特にコメント部分については、日常業務の効率化につなげることを意識して確認してください。

20XX年 〇月〇日(水) 10:00〜 12:00❶	居宅訪問❶❷ 本人・娘と面接❶	**目的** 契約・初回アセスメント❶ 　重要事項説明書を交付しケアマネジャーの自己紹介。主要事項について本人の同意を得る（担当の依頼を受ける）❸。あわせて契約書への署名も後日お願いしたい旨を伝え❹、了解を得る。 　契約締結後、アセスメントを実施❺。 　　　　　（以下略）　　　　　（サイン）

❶ 日時、曜日、実施方法（場所）、被面接者、目的などは、すぐに確認できる場所に記載します（第1章第5節参照）。

❷ 契約締結を行う場所の決まりはありませんが、場所を記載することにより、後日業務に関する統計等を取る際にも重宝します。

❸「利用申込者又はその家族」に、「重要事項説明書」を「交付し説明」を行い、「提供の同意を得た」こと（契約締結）を明確にします。

❹ 重要事項説明書を介した契約行為は済ませているが、通知を根拠とする契約書の手続は後日になったことを明確にします。

❺ 契約を経てから居宅介護支援を提供（アセスメント）していることを明確にします。

　実際の業務では、契約と初回のアセスメントを同日に実施することが多いと思います。この際、ケアマネジャーは、"利用者等の困りごと"などを聴き取り、その後に契約書に署名を受けることが一般的でしょう。

　このため、「本人との信頼関係を優先し、アセスメント後に契約を交わすのが、ケアマネジメント上級者のやり方」と勘違いを口にするケアマネジャーもいるようです。しかし、ここで再度確認したいのは、**重要事項説明書の交付・説明による同意**が介護保険法令における「契約」であり、契約書への署名よりも優先されるということです。

　多くのケアマネジャーは、援助関係を構築するため、まず自分（ケアマネジャー）や事業所の役割やできること等を、重要事項説明書を使いながら説明し、利用者の同意を得た後に、情報収集を開始していることと思います。

　介護保険法令では、この"ケアマネジャーと事業所の自己紹介"ともいえる重要事項説明書を使用した説明と利用申込者の同意を、契約締結とみなします。

　前述のケアマネジャーのようにアセスメント後に契約をするほうがケアマネジメント上級者と思い込んだり、契約書の日付や署名に固執し重要事項説明書の交付・説明を後回しにする我流の手順を考えたりなど、間違った認識や手順を踏むことのないよう注意しましょう。

　そして、同一日に契約とアセスメントを実施し、利用者の都合で契約書とアセスメントの日付が前後してしまう場合などには、支援経過に「居宅介護支援の提供前に、重要事項説明書を介した契約が済んでいること」を必ず記録しましょう。

受付・契約は、利用者の主体的なサービス選択を実現するための入口です。利用者等への**説明責任を果たせているか**という視点から、受付・契約時の支援経過を読み直し、自分が行った介護支援の具体的な内容や契約（法律行為）が理解できる言葉で記載されているか、支援経過に以下の視点が適切に取り扱われているかを確認しましょう。

受付・契約の支援経過における6つの視点

❶依頼受付の日付、経緯等がわかるか？

❷利用者の主体的なサービス選択を保障できているか？

❸個人情報を適切に取り扱っているか？

❹契約の締結が支援経過から確認できるか？

❺契約を締結（重要事項説明書を交付）する前に、居宅介護支援を提供（課題分析（アセスメント）を実施）しているような記載になって（ケアマネジメント過程が前後して）いないか？

❻❶〜❺について、誰が見ても明らかになるよう記載されているか？

併せて、利用申込者と契約に至った経緯や介護保険を利用するきっかけなどについても記載しておくとよいでしょう。また、"居宅サービス計画書作成依頼届の提出日を支援経過に残す"などの地域による取り扱いのルールなどがある場合には、それに従いましょう。

Column 公正中立なケアマネジメントの確保（契約時の説明等）❷

重要事項説明書別紙の記載例（見本）

重要事項説明書別紙

居宅介護支援に係わる事業所の義務について

5）に関すること

表　①ケアプランに位置づけたサービスの利用割合と
　　②提供事業者の内訳（上位3位）

サービス	①について	②について		
訪問介護	％	A事業所 ％	E事業所 ％	I事業所 ％
通所介護	％	B事業所 ％	F事業所 ％	J事業所 ％
地域密着型 通所介護	％	C事業所 ％	G事業所 ％	K事業所 ％
福祉用具貸与	％	D事業所 ％	H事業所 ％	L事業所 ％

（対象期間：令和　年　月　日〜令和　年　月　日）

令和　　年　　月　　日

私は、本書により重要事項の説明を受け、内容に同意いたします。

（署名）＿＿＿＿＿＿＿＿＿＿＿＿＿＿＿＿＿＿＿

課題分析（アセスメント）

第 **2** 節

　課題分析（以下「アセスメント」）は、"**ケアマネジメント過程の中で最も専門性が高い**"などと称される局面です。しかし、この専門性が高い作業を補完するアセスメントシートがあるため、支援経過の記載があまり重要視されていない印象があります。

　その結果、アセスメントシートを過信し、支援経過に記載しなければいけないことの記載漏れが生じたり、支援経過に書かなくてもよいことをくどくど書いたりすることもあるようです。

　本節では、最も専門性が高いといわれるアセスメントの局面を更に充実させるための支援経過記載のポイントを確認しましょう。

1. アセスメントの意味と役割

1）アセスメント実施時のルール

　アセスメントを実施する際に満たさなければならない条件とその根拠となる法令は次のとおりです。

> (1) 「適切な方法」でアセスメントを行う（運営基準第 13 条第 6 号）
> (2) 利用者の居宅を訪問し、利用者及び家族に面接する（同第 7 号）
> (3) ケアプラン原案を作成する前にアセスメントを行う（同第 8 号）

　つまり、アセスメントの局面においては、この全てが書類から把握できる必要があるのです。

　ここからは、アセスメントを実施する際に満たさなければならない三つの条件について、細かいルール等を確認していきましょう。

（1）「適切な方法」でアセスメントを行う

　「適切な方法」については、解釈通知第二の3（8）⑥にて、「**課題を客観的に抽出するための手法として合理的なものと認められる適切な方法を用いなければならない**」と示され、併せて「課題分析の方式については、**別途通知する**」とされています。

　この「別途通知」が、標準様式通知です。つまりアセスメントは、標準様式通知別紙4に示された23の項目（課題分析標準項目）を全て備えることをもって、適切な方法に代えることができるとされています。

課題分析標準項目

● **基本情報に関する項目**
　1 基本情報（受付、利用者等基本情報）　2 生活状況
　3 利用者の被保険者情報　4 現在利用しているサービスの状況
　5 障害高齢者の日常生活自立度　6 認知症高齢者の日常生活自立度
　7 主訴　8 認定情報　9 課題分析（アセスメント）理由
● **課題分析（アセスメント）に関する項目**
　10 健康状態　11 ADL　12 IADL　13 認知
　14 コミュニケーション能力　15 社会との関わり　16 排尿・排便
　17 じょく瘡・皮膚の問題　18 口腔衛生　19 食事摂取
　20 問題行動　21 介護力　22 居住環境　23 特別な状況

（2）利用者の居宅を訪問し、利用者及び家族に面接する

　アセスメントは、原則として利用者の居宅で利用者本人と面接して行うことが必要です。ただし、2012年4月に、「アセスメントに当たっては、**利用者が入院中であることなど**物理的な理由がある場合を除き必ず利用者の居宅を訪問し、利用者及びその家族に面接して行わなければならない」（解釈通知第二の3（8）⑦）と追加されました（太字が追加部分）。

　この通知を受け、利用者が入院中などの場合は、入院中の医療機関等でアセスメントを実施することや、自宅で家族だけとの面接によるアセスメントの結果からケアプラン原案を作成することも許容されています。「**物理的な理由**」がある場合については、アセスメントシートや支援経過に記録しましょう。

　併せて、運営基準第13条第7号は、運営基準減算（運営基準を適正に実施していない場合は、居宅介護支援費が減算となる）に該当する条項のため、確実に遵守できているか、特に注意が必要です。

（3）ケアプラン原案を作成する前にアセスメントを行う

　運営基準第13条第8号に、利用者の希望とアセスメントの結果に基づき、ケアプラン原案を作成しなければならないことが示されています。

　早急な対応が求められる事例などの際に、アセスメントとケアプラン原案の作成を同一日に実施することもありますが、このような場合にも、アセスメントの前にケアプラン原案を作成しているようにみえるなどと勘ちがいされる記載をしないよう注意しましょう。

2）情報収集の順序と記録　〜サービスありきからの脱却〜

　利用者の自立支援のため、質の高いケアマネジメントを提供したいという思いから発言されている場合が多いのですが、アセスメントの悩みや苦手意識で耳にする内容に、「分析に自信がない…」や「サービスありきになっている気がする…」、「アセスメントとケアプランの紐づき（連動）が不明確…」などがあります。

　また、介護給付費等の適正化の観点などから、市町村職員等からケアプランの根拠（アセスメント）の説明責任を強く求められるようになってきています。

　ケアマネジャーとして自信をもって対応するためにも、アセスメントの中で分析が苦手と感じている人には、分析しやすいように、**情報を収集する順番（流れ）を意識する**ことをお勧めします。

　具体的には、表の流れ（手順）を踏むことで介護保険のサービスの必要性が明確になり、ケアマネジャーのサービスありきになっているように感じる不安を減らすことにもつながります。

表　情報を収集する流れ（手順）

❶ 利用者のしていること、できることの確認
❷ 互助（家族）の介護力の確認
❸ 自助と互助（インフォーマルサービス）の確認
❹ 共助と公助の必要性と評価

情報収集の際には、アセスメントシートを埋める作業に没頭するだけではなく、ケアプランやサービス利用のポイント（メルクマール）になりそうな情報だけでも、①〜④の順で確認し評価することで、サービスを利用する根拠や必要性が明確になり、ケアマネジャー自身の頭の中の整理がスムーズにできます。

　併せて、確認した際の状況や経過、結果を支援経過等も活用し、残しておくことにより、支援の振り返りや評価に活用することも可能となります。

2. 模擬事例とクイズ

　模擬事例を使用し、クイズ形式で支援経過記載のポイントを確認します。「何を残さねばならないのか（義務）」「何を残すよう努めるべきなのか（努力義務）」「何を残してはならないのか」について、自分ならどう記録するかという視点で、参加・体験しながら読み進めてください。

 ［事例2］の記載例を確認し、アセスメント実施時の支援経過の記載が適切か否か、選択肢より選択してください。

［事例2］**アセスメント実施時の支援経過**

20XX年 ○月○日(水) 10:00〜 　　　11:30	初回アセスメント	詳細はアセスメントシートを参照。 　　　　　　　　　　　　　（サイン）

☞選択肢

① 適切な記載である

② 不適切な記載である

③ どちらとも判断できない

■ 解答　③ どちらとも判断できない

■ 解説

　この記載例は、適切とも不適切とも言い切ることができません。正誤を明確に示せない理由は、アセスメントの局面における支援経過の記載の適否が、使用するアセスメントシートに左右される（異なる）ためです。

　先に確認した通り、アセスメントの局面においては、「**適切な方法**」でアセスメントを行う、利用者の**居宅を訪問**し、**利用者及び家族に面接**する、**ケアプラン原案を作成する前にアセスメント**を行う、の3点がわかる必要があります。

　3点のうち、「適切な方法」については、アセスメントシートにて満たすことが原則なので、事業所による差は少ない印象があります。しかし、「実施日」「実施場所等」「被面接者」については、アセスメントシートに記載できる事業所とそうでない事業所が存在します。

　アセスメントで満たさねばならない情報を記入できないシートを使用している場合には、アセスメントをルールに沿って実施している証拠として、支援経過を効率的に活用する必要があります。

　［事例2］では、使用しているアセスメントシートにアセスメントの「実施日」「実施場所等」「被面接者」が記載されている場合は、適切と判断できます。反対に、「実施日」「実施場所等」「被面接者」のいずれか一つでも記載できないアセスメントシートを使用している場合は、不適切と判断されるのです。

そもそも、「実施日」「実施場所等」「被面接者」は、それぞれ以下の内容を満たしているか否かについて確認するために必要な情報です。

●「実施日」 ：ケアプラン原案の作成より前にアセスメントをしていることがわかる

●「実施場所等」：利用者の居宅を訪問し、アセスメントをしていることがわかる

●「被面接者」 ：利用者及び家族に面接の上、アセスメントをしていることがわかる

このことを理解し、適切にアセスメントを実施し、記録を残すことが求められます。

■使用しているアセスメントシートに、「実施場所等」「被面接者」の記載欄がない場合の修正例

20XX年 ○月○日(水) 10:00〜 11:30	居宅訪問❶ 本人、妻と面接❶	**目的** 初回アセスメント 詳細はアセスメントシートを参照❷。 （サイン）

❶ 実施場所等と被面接者がわかるように記載します。

❷ アセスメントシートに記載した情報（アセスメントシートを参照すればわかる内容）は、支援経過に重複して記載する必要はありません。

3. まとめ

　アセスメントにおける支援経過の記載は、アセスメントシートの記載欄（アセスメントシートの書式）に左右されます。

　まずは、アセスメントシートと支援経過を併せて、以下の視点が適切に取り扱われているかを確認しましょう。

アセスメントにおける5つの視点

❶ アセスメントの"実施日"がわかるか？

❷ (初回アセスメントの場合) 実施日は、重要事項を介した契約日と同日もしくは後になっていることがわかるか？

❸ ケアプラン原案の作成に先立ち実施しているか？

❹ 利用者の居宅を訪問していることがわかるか？

❺ 居宅にて利用者及び家族（少なくとも利用者）と面接していることがわかるか？

❻ ❹若しくは❺を満たしていない場合は、その「物理的な理由」がわかるか？

　アセスメントで具体化した利用者と家族の意向やニーズの相違点、利用者の同意を得られなかったケアマネジャーから提案したニーズの案などについても、支援経過に記載します。

　アセスメントは、利用者主体を実現するための専門性が求められる、重要な局面です。

　ケアマネジメントを提供した証拠としてのアセスメントの記録ができているかと併せて、コンプライアンスに則った記録が残っているかについても、時間を見つけ振り返りましょう。

ケアプラン原案の作成

ケアプラン原案の作成は、ケアプランの標準様式があるため、アセスメントと同様に支援経過の記載が重要視されにくい局面といえるでしょう。反面、指定されている様式等があることによって、事業所の支援経過の充実についても差が生じています。

本節では、ケアプラン原案の作成の局面を充実させるための支援経過記載のポイントを確認しましょう。

1. ケアプラン原案の作成の意味と役割

1）ケアプラン原案の定義

ケアプラン原案の作成は、運営基準第 13 条第 8 号に示されています。

介護支援専門員は、**利用者の希望及び利用者についてのアセスメントの結果に基づき**、利用者の家族の希望及び当該地域における指定居宅サービス等が提供される体制を勘案して、当該アセスメントにより把握された解決すべき課題に対応するための最も適切なサービスの組合せについて検討し、利用者及びその家族の生活に対する意向、総合的な援助の方針、生活全般の解決すべき課題、提供されるサービスの目標及びその達成時期、サービスの種類、内容及び利用料並びにサービスを提供する上での留意事項等を記載した**居宅サービス計画**の原案を作成しなければならない。

つまり、居宅サービス計画の原案（ケアプラン原案）とは、**利用者の希望及び利用者についてのアセスメントの結果**による専門的見地に基づき、利用者の家族の希望及び当該地域における指定居宅サービス等が提供される体制を勘案した上で、ケアプランに定める事項として示された内容を記載した書類なのです。

2）ケアプラン原案作成時の留意点

ケアマネジャーがケアプランの作成において守るべき義務や努力義務及び望ましい姿勢等は、運営基準第13条第3号〜第5号に示されています。

(1) 継続的かつ計画的に指定居宅サービス等の利用が行われるようにしなければならない（運営基準第13条第3号）

(2) 介護サービス以外のサービス等もケアプランに位置づけるよう努めなければならない（同第4号）

(3) 利用者によるサービスの選択に資するよう、情報を適正に利用者又はその家族に対して提供する（同第5号）

ケアプランの原案は、利用者との協働作業であるアセスメントにより抽出したニーズを達成するために最も適切なサービスを組み合わせ、紙に書き出し、**誰が見てもわかるよう可視化**した書類です。

このため、本人が納得していない、理解していないことをケアプラン原案に載せることはできません。ケアマネジャー及び専門職として気が付いた、しかし本人が理解・納得していない内容については、支援経過を利用する必要があります。

3) 利用者によるサービスの選択〜公正中立なケアマネジメントの確保〜

2018年に解釈通知が改正され、利用者の意思に反して、集合住宅と同一敷地内等の居宅サービス事業所のみをケアプランに位置づけることは適切ではないことが明確化されました（解釈通知　第二の3（8）⑤）。

> **⑤ 利用者自身によるサービスの選択（第5号）**
>
> 　介護支援専門員は、利用者自身がサービスを選択することを基本に、これを支援するものである。このため、介護支援専門員は、利用者によるサービスの選択に資するよう、利用者から居宅サービス計画案の作成にあたって複数の指定居宅サービス事業者等の紹介の求めがあった場合等には誠実に対応するとともに、居宅サービス計画案を利用者に提示する際には、当該利用者が居住する地域の指定居宅サービス事業者等に関するサービスの内容、利用料等の情報を適正に利用者又はその家族に対して提供するものとする。したがって、特定の指定居宅サービス事業者に不当に偏した情報を提供するようなことや、利用者の選択を求めることなく同一の事業主体のサービスのみによる居宅サービス計画原案を最初から提示するようなことがあってはならない。また、例えば集合住宅等において、特定の指定居宅サービス事業者のサービスを利用することを、選択の機会を与えることなく入居条件とするようなことはあってはならないが、**居宅サービス計画についても、利用者の意思に反して、集合住宅と同一敷地内等の指定居宅サービス事業者のみを居宅サービス計画に位置付けるようなことはあってはならない。**

従前には、集合住宅居住者において、特定の事業者のサービス利用が入居条件とされ、利用者の意思、アセスメント等を勘案せずに、利用者にとって適切なケアプランの作成が行われていない実態があるとの指摘や、ケアマネジャーが、自社サービスだけを提供したい事業者と利用者の板挟みになり、悩んでいる実態なども報告されていたことを受けての改正といわれています。

つまり、利用者がより幅広い選択肢の中から希望のサービスを選択できるようにしながらケアプランを作成することがケアマネジャーの義務として示され、契約時の説明の義務の追加と併せて、ケアマネジメントの質の向上と公正中立性の確保がより一層推進されたのです。

　併せて、ケアマネジャーには、法第69条の34第1項（介護支援専門員の義務）にて、公正かつ誠実な業務を行う義務が付されています。

　介護支援専門員は、その担当する要介護者等の人格を尊重し、常に当該要介護者等の立場に立って、当該要介護者等に提供される居宅サービス、地域密着型サービス、施設サービス、介護予防サービス若しくは地域密着型介護予防サービス又は特定介護予防・日常生活支援総合事業が特定の種類又は特定の事業者若しくは施設に不当に偏ることのないよう、公正かつ誠実にその業務を行わなければならない。

　それぞれの事情はあると思いますが、国が言っているから……事業所の方針だから……という消極的な姿勢ではなく、利用者の権利を擁護する専門職として、自身の役割を真摯に見つめなおしたいものです。

2. 模擬事例とクイズ

　模擬事例を使用し、クイズ形式で支援経過記載のポイントを確認します。「何を残さねばならないのか（義務）」「何を残すよう努めるべきなのか（努力義務）」「何を残してはならないのか」について、自分ならどう記録するかという視点で、参加・体験しながら読み進めてください。

　　　　　　［事例3］の記載例を確認し、ケアプラン原案の説明に関する記載が適切か否か、選択肢より選択してください。

［事例3］**新規利用者のケアプラン原案作成時の支援経過**

20XX年 ○月○日(木) 14:00〜 　　　15:00	院内面接 本人・妻と面接	**目的** 契約・初回アセスメント 　重要事項説明書の交付・説明とケアマネジャーの自己紹介。重要事項について本人の同意を得る（担当の依頼を受ける）。 　昨日電話で妻から確認した状況をもとに作成したケアプランの原案を持参し、ケアプラン原案の説明を本人に行う。 　　　　　　　　　　　　　　（サイン）

☞ 選択肢

① 適切な記載である

② 不適切な記載である

■ **解答**　② 不適切な記載である

■ **解説**

　繰り返しとなりますが、介護保険における「契約」とは、重要事項説明書を介した法律行為です（介護保険法令では、契約書への署名をもって、契約締結とはしていません（本章第1節参照））。

　[事例3] の記載例には、「重要事項説明書の交付・説明と、ケアマネジャーの自己紹介。重要事項について本人の同意を得る（担当の依頼を受ける）。」と残されていることから、契約を締結していることが明らかになっており、契約時の適切な記載がされています。

　しかし、ここからの手順が不適切でした。運営基準第13条第8号に示されているとおり、ケアプラン原案は、「利用者の希望」と「利用者についてのアセスメント結果」がその根拠となります。すなわち、ケアプラン原案を作成するためには、アセスメントを経る必要があるのです（運営基準第13条第6号〜第8号）。

　[事例3] では、アセスメントを経ずにケアプラン原案を作成していることが支援経過に残されています。つまり、不適切なケアマネジメントの手順となっていることが記録として残ってしまっているのです。このため、クイズの解答は「②」となります。

　初めてサービスを利用する利用者や家族には、ケアプランのイメージがわきにくい場合もあります。このようなときには、ケアプラン原案の素案

（たたき台、見本）といえる書類を持参する場合もありますが、この書類をケアプラン原案とは呼びません。ケアマネジメントの過程に沿った適切な支援をしていることが、支援経過に記録（証拠）として残せるよう意識しましょう。

■ 修正例

20XX年 ○月○日(木) 14:00〜 16:00	院内面接 本人・妻と面接	**目的** 契約・初回アセスメント 重要事項説明書の交付・説明とケアマネジャーの自己紹介。重要事項について本人の同意を得る（担当の依頼を受ける）❶。 昨日電話で妻から確認した状況に加え、入院中のため院内にて ❷ 課題分析（アセスメントシートを参照）を実施。その場でケアプラン原案の見本を作成し、本人・妻と確認。明後日書き直した原案を持参することを伝える ❸。 （サイン）

❶ 自己紹介の際に重要事項説明書を交付、説明をし、本人の同意を得たこと（契約締結）を明らかにします（契約については、本章第1節を参照）。

❷ 自宅で本人と面接してアセスメントを実施できない「**物理的な理由**（事例の場合は入院中であること）」を記録に残します（アセスメントの詳細は、本章第2節を参照）。

❸ 妻からの電話だけで（本人の希望を確認せずに）ケアプラン原案を作成していないこと、契約とアセスメントの後にケアプラン原案が作成されていることを明確にします。

3. まとめ

　ケアプランは利用者の**人生設計図**であり、それを初めて目に見える形とするのがケアプラン原案を作成する局面です。

　適切な支援経過の記載がされているか確認する際には、以下の点に留意しましょう。

ケアプラン原案の作成の支援経過における 2 つの視点

❶アセスメントを受けてケアプラン原案を作成しているか？
❷ケアプラン原案に利用者の希望を反映するよう努めているか？

　なお、対応（サービス導入）を急がねばならない利用者については、①受付・契約、②アセスメント、③ケアプラン原案の作成までを、同日中に実施しなければならないこともあります。

　ケアマネジャーは、このような時間の制約のある状況においても、利用者自身の人生設計を利用者が行うこと（**利用者主体**）を成立させるため、ケアマネジメントの過程（順番）を意識すること、そしてそれを記録（証拠）として残すことを意識しましょう。

　なお、サービス種別やサービス事業所が利用者の当初の意向に沿えなかった場合については、納得して利用を開始した場合でも、後日のトラブルにつながる可能性もあります。その場合は、理由や経緯、サービスの提供を拒否する正当な理由になっているかどうかなどを確認の上、併せて支援経過に残しましょう。

サービス担当者会議

サービス担当者会議については、「サービス担当者会議の要点」(第 4 表)が標準様式として示されています。しかし、事業所内のケアマネジャーによって支援経過の記載に差が生じることもあるようです。

　本節では、サービス担当者会議の局面を充実させるための支援経過記載のポイントを確認しましょう。

1.　サービス担当者会議の意味と役割

1)　サービス担当者会議の定義

　サービス担当者会議に関する定義は、運営基準第 13 条第 9 号に示されています。

　運営基準に示されているとおり、サービス担当者会議とは、「担当者を招集して行う会議」であり、会議すべき内容は「**利用者の状況等に関する情報を担当者と共有**」し、「**居宅サービス計画の原案の内容について、担当者から、専門的な見地からの意見を求める**」ことです。

九　介護支援専門員は、サービス担当者会議（介護支援専門員が居宅サービス計画の作成のために、利用者及びその家族の参加を基本としつつ、居宅サービス計画の原案に位置付けた指定居宅サービス等の担当者（以下この条において「担当者」という。）を招集して行う会議（テレビ電話装置その他の情報通信機器（以下「テレビ電話装置等」という。）を活用して行うことができるものとする。ただし、利用者又はその家族（以下この号において「利用者等」という。）が参加する場合にあっては、テレビ電話装置等の活用について当該利用者等の同意を得なければならない。）をいう。以下同じ。）の開催により、利用者の状況等に関する情報を担当者と共有するとともに、当該居宅サービス計画の原案の内容について、担当者から、専門的な見地からの意見を求めるものとする。ただし、利用者（末期の悪性腫瘍の患者に限る。）の心身の状況等により、主治の医師又は歯科医師（以下この条において「主治の医師等」という。）の意見を勘案して必要と認める場合その他のやむを得ない理由がある場合については、担当者に対する照会等により意見を求めることができるものとする。

　また、併せて押さえておきたい定義が「**担当者**」です。「担当者」とは、運営基準第13条第9号にて示されているとおり、「居宅サービス計画の原案に位置付けた指定居宅サービス等の担当者」です。

　ケアマネジャーは、個人情報保護の徹底のため、利用者の望む暮らしの達成に必要と判断した人や機関はケアプラン原案に位置づけ、「担当者」とした上でサービス担当者会議に招集しなければなりません。

2）サービス担当者会議開催のルール

次の場合はサービス担当者会議を開催することが必要です。

> (1) ケアプランの新規作成（運営基準第13条第9号）
> (2) 更新認定若しくは認定区分の変更認定を受けた場合（同第15号）
> (3) 福祉用具貸与をケアプランに位置づける場合は、必要に応じて随時
>
> （同第22号）

このうち、(1)(2)でサービス担当者会議を開催しない場合は、運営基準減算に該当するので、開催を忘れることのないようにしましょう。

運営基準は最低限の開催を規定したものです。「運営基準に示されているとき以外は開催しなくてよい」という意味ではありません。ケアマネジャーは、モニタリングや再アセスメントにより必要性を判断し、サービス担当者会議を適切に開催しましょう。

3）「やむを得ない理由」

なお、サービス担当者会議の局面において、「**やむを得ない理由**」のため、サービス担当者会議を開催できない場合もあります。

「やむを得ない理由」とは、解釈通知第二の3(8)⑨・⑮にて、「開催の日程調整を行ったが、**サービス担当者の事由**により、サービス担当者会議への参加が得られなかった場合、居宅サービス計画の変更であって、利用者の状態に大きな変化が見られない等における軽微な変更の場合等」が想定され、やむを得ない理由がある場合は、担当者に対する照会等により意見を求めることができるものとされています。

ケアマネジャーは、担当者に照会した意見と併せて、サービス担当者会議が開催できなかった「やむを得ない理由」を支援経過にしっかり残す必要があります。

ケアマネジャーの言い分　　　　　　　認められなかった理由

サービス事業所の管理者が出席できない　→　他の職員の出席で対応が可能だから

主たる介護者の家族に不幸があったため、開催できない　→　利用者や家族の事情は、やむを得ない理由とならないから

ケアマネジャーが法定研修を受講するため、開催できない　→　ケアマネジャーの理由は、認められないから

4）末期の悪性腫瘍の利用者に対するケアマネジメント

　また、2018年法改正により、運営基準第13条第9号は改正され、やむを得ない理由に、「利用者（末期の悪性腫瘍の患者に限る。）の心身の状況等により、主治の医師又は歯科医師（以下この条において「主治の医師等」という。）の意見を勘案して必要と認める場合」が追加されました。

　併せて、解釈通知第二の3（8）⑨も改正され、運営基準の「必要と認める場合」が具体的に示されています。こちらは、ターミナルケアマネジメント加算とも関連してくる内容のため、「第3章第7節ターミナルケアマネジメント加算」（P162〜）についても確認してください。

解釈通知第二の3（8）⑨抜粋

（略）

　サービス担当者会議は、テレビ電話装置等（リアルタイムでの画像を介したコミュニケーションが可能な機器をいう。以下同じ。）を活用して行うことができるものとする。ただし、利用者又はその家族（以下この⑨において「利用者等」という。）が参加する場合にあっては、テレビ電話装置等の活用について**当該利用者等の同意を得なければならない。**なお、テレビ電話装置等の活用に当たっては、個人情報保護委員会・厚生労働省「医療・介護関係事業者における個人情報の適切な取扱いのためのガイダンス」、厚生労働省「医療情報システムの安全管理に関するガイドライン」等を遵守すること。

　また、末期の悪性腫瘍の利用者について必要と認める場合とは、**主治の医師等が日常生活上の障害が1ヶ月以内に出現すると判断した時点以降**において、主治の医師等の助言を得た上で、介護支援専門員がサービス担当者に対する照会等により意見を求めることが必要と判断した場合を想定している。なお、ここでいう「主治の医師等」とは、利用者の最新の心身の状態、受診中の医療機関、投薬内容等を一元的に把握している医師であり、要介護認定の申請のために主治医意見書を記載した医師に限定されないことから、利用者又はその家族等に確認する方法等により、適切に対応すること。また、サービス種類や利用回数の変更等を利用者に状態変化が生じるたびに迅速に行っていくことが求められるため、日常生活上の障害が出現する前に、今後利用が必要と見込まれる指定居宅サービス等の担当者を含めた関係者を招集した上で、予測される状態変化と支援の方向性について関係者間で共有しておくことが望ましい。

（略）

5）ICT の推進と個人情報保護の徹底

　2021（令和 3）年度からは、テレビ電話装置等を活用し、ネットワークを介した情報の伝達、共有が行える環境（以下、ICT）を積極的に整えることが推進されました。

　ICT の積極的な活用は、業務の利便性を高めると同時に、利用者や家族の個人情報保護をどのように徹底するかという課題も併せ持ちます。

　このため、サービス担当者会議などの ICT の活用が推奨されるケアマネジメント局面や業務に関しては、解釈通知等に、利用者の同意に関すること、その際に参考とする指針などが追記されました（解釈通知第二の 3 (8) ⑨）。

　これからのケアマネジャー業務の効率化のためには、ICT を使いこなすことが今まで以上に求められていくことと推測されます。利用者の権利擁護のために、利用者の個人情報保護に配慮したうえで介護支援を提供していることを支援経過に残すことを忘れないようにしましょう。

　利用者が参加するサービス担当者会議で ICT を活用する場合、利用者等からの事前同意を受けた場合の記載例を次頁に示します。参考にしてください。

■事前同意を電話で受けた場合の記載例

20XX年 〇月20日(金) 10:00〜 　　　11:30	電話発信❶ 本人と話す❶	**目的** サービス担当者会議での **ICTの活用に関する意思の確認** 　23日（月）に実施予定のサービス担当者会議に、福祉用具貸与事業所のA氏がテレビ電話装置機能を使った参加を希望していることを伝え、テレビ電話装置を使用したA氏の参加に関して同意を得る❷。　　　　　（サイン）

❶確認手段や相手は必ず記録します。

❷概要を伝えたうえで、事前同意を得たことがわかるよう概要を記します。

■事前同意をメールで受けた場合の記載例

20XX年 〇月20日(金) 10:00 (送信)	本人とメール連絡 (送受信)❶	**目的** サービス担当者会議での **ICTの活用に関する意思の確認** 　サービス担当者会議におけるICT活用の事前同意を得る。詳細は別添メールを参照❷。　　　　　（サイン）

❶ 確認手段や相手は必ず記録します。なお、メールで利用者等とやりとりをする場合には、職場のパソコンから行い、自宅のパソコンや個人で契約しているスマートフォンなどを安易に活用しないこと。

❷ 別添資料と重複する記載は不要。また、メールやファクシミリなどの紙面を別添資料とする場合は、乱雑にならないよう（わかりやすいよう）に管理を工夫します。

第4表

サービス担当者会議の要点

作成年月日　　　年　　月　　日

利用者名　　　　　　　　殿

居宅サービス計画作成者（担当者）氏名

開催日　　　年　　月　　日　　　開催場所　　　　　　　　開催時間　　　　　　　　開催回数

会議出席者	所属（職種）	氏　名	所属（職種）	氏　名	所属（職種）	氏　名
利用者・家族の出席 本人：[ ] 家族：[ ] （続柄：　） ※備考						
検討した項目						
検討内容						
結論						
残された課題 （次回の開催時期）						

82

2. 模擬事例とクイズ

　模擬事例を使用し、クイズ形式で支援経過記載のポイントを確認します。「何を残さねばならないのか（義務）」「何を残すよう努めるべきなのか（努力義務）」「何を残してはならないのか」について、自分ならどう記録するかという視点で、参加・体験しながら読み進めてください。

 ［事例4］の記載例を確認し、サービス担当者会議に関する記載が適切か否か、選択肢より選択してください。

［事例4］ サービス担当者会議の支援経過

| 20XX年
〇月30日(木)
14:00〜
　　　15:00 | 居宅訪問
本人・妻と面接 | **目的** 認定区分の変更に伴う
　　　サービス担当者会議の開催
　サービスの担当者が出席できないため、本人と妻と話す。
　認定が通知される前ではあるが、状態を安定させるためにも、通所介護を週1回増やすこととする。ショートステイの利用については、本人夫婦の支払い（経済的負担）に対する不安が強いことから保留とする。　　　　　　　　（サイン） |

☞ 選択肢

　① 適切な記載である

　② 不適切な記載である

■ 解答 ② 不適切な記載である

■ 解説

　サービス担当者会議とは、「担当者を招集して行う会議」であり、会議すべき内容は「利用者の状況等に関する情報を担当者と共有」し、「居宅サービス計画の原案の内容について、担当者から、専門的な見地からの意見を求める」ことです。

　利用者やその家族の参加を求めることは原則ですが、利用者とその家族、ケアマネジャーだけでの話合いを「サービス担当者会議」を開催したとはできません。このため、クイズの答えは「②」となります。

■ 修正例

20XX年 〇月30日(木) 14:00〜 15:00	居宅訪問 本人・妻と面接	**目的** 認定区分の変更に伴う 　　サービス担当者会議の開催 　29日（昨日）の区分変更申請に伴い、急な会議開催となったため、サービス担当者が招集できなかった❶。担当者に事前に照会した内容を❷、本人と妻、ケアマネジャーで確認（内容は「サービス担当者会議の要点」参照）❸。　　（サイン）

❶「やむを得ない理由」を残します。

❷ 担当者の意見を活用した話合いであることを明確にします。

❷・❸ 担当者等に照会した内容はサービス担当者会議の要点（第4表）の「結論」欄等に記載します（支援経過を重複して記載する必要はありません）。

3.　まとめ

　サービス担当者会議の支援経過を確認する際には、サービス担当者会議の要点（第 4 表）若しくは支援経過に以下の点がわかるようにすることが必要です。

サービス担当者会議の支援経過における 5 つの視点

❶ ケアプランの新規作成、更新認定、認定区分の変更時には、サービス担当者会議を開催していることがわかるか？（運営基準減算の回避）
❷ 担当者を招集していることがわかるか？
❸ 利用者の状況等に関する情報を担当者と共有していることがわかるか？
❹ 担当者からの専門的な見地からの意見がわかるか？
❺ 会議が開催できなかった場合には、それが「やむを得ない理由」によるものであることがわかるか？

　また、担当者の交代を繰り返す利用者や、会議の開催場所が定まらない場合、短い期間のうちに何度も開催が必要となる状況などもあります。

　このような場合には、**実施日時**、**開催場所**、**会議概要**などについて、支援経過にも記載を残すと、支援を評価する際にも便利です。

　サービス担当者会議の要点（第 4 表）の記載については、標準様式通知で詳細に示されていないことや、「検討した項目」と「検討内容」を一つに統合して記載しても差し支えないこととされているため、ケアマネジャーによって差が生じている印象を受けます。可能であれば、事業所全体で見直す機会を持ち、どこに何を書くか、漏れやすい内容（事項）はないか、などの確認と併せ、支援経過に残したほうがよい項目について事業所内で統一することもお勧めします。

ケアプランの実行

　ケアプランは利用者の人生設計図です。利用者の人生の主人公は利用者ですから、ケアプランの実行における支援経過の記載は、利用者主体を成り立たせるためのルールを守っていることがわかることが重要です。

　本節では、ケアプランの実行の局面を充実させるための支援経過記載のポイントを確認しましょう。

1. ケアプランの実行の意味と役割

1）ケアプラン原案とケアプランの線引き

　ケアプラン原案とケアプランを分けるのは、利用者の文書同意です。

> 　介護支援専門員は、居宅サービス計画の原案に位置付けた指定居宅サービス等について、保険給付の対象となるかどうかを区分した上で、**当該居宅サービス計画の原案の内容について利用者又はその家族に対して説明し、文書により利用者の同意を得なければならない。**（運営基準第 13 条第 10 号）

　これは、ケアプランに沿って**サービス提供が開始される直前**に、ケアプラン原案の内容について改めて説明を行った上で、利用者から文書による同意を得ることにより、**利用者の主体的なサービス選択の機会を保障する**ために必要な手順です。

2）ケアプランの実行におけるルール

ケアプラン（一部にケアプラン原案を含む）の取扱いに関する主なルールとその根拠は次のとおりです。

> （1）ケアプラン原案について、利用者又は家族に説明し、文書で利用者の同意を得る （運営基準第13条第10号）
> （2）ケアプランを作成した際には、利用者及び担当者に交付する
> （同第11号）
> （3）ケアプランに位置付けた個別サービス計画の提出を求める
> （同第12号）

ケアプランの実行の局面においては、ケアプランや支援経過等から、この一連の手順を適切に果たしていることがわかる必要があるのです。

記載漏れしやすいのが、（2）の**担当者への交付にかかわる記録**です。ケアプラン（第1表）に利用者の同意を受け、利用者へ交付したことは明確ですが、担当者への交付について、皆さんの事業所ではどのように記していますか？　次頁の担当者交付の記載例とその解説を参考に、担当者への交付の記録の残し方についても検討しましょう。

また、（3）の個別サービス計画の提出を求めることについては、2015年4月から追加施行されたルールです。失念しないよう注意しましょう。

担当者へのケアプラン交付に関する記載例

20XX年 ○月○日(水) 10:00〜 11:00	居宅訪問	**目的** サービス担当者会議の開催、担当者への交付 ❶ 　サービス担当者会議の概要は、サービス担当者会議の要点（第4表）を参照 ❷。 　ケアプラン原案がケアプランとなり、その場で本人から署名を受け、本人及び出席した担当者に交付 ❸。 　会議に欠席したA訪問介護事業所*¹へは、14:30に、事業所からファクシミリでケアプラン交付。17:00に受領証*²の返信を受ける ❹。　　　（サイン）

＊1 A訪問介護事業所は、ケアプランに位置づけられたサービス事業所
＊2 ファクシミリ送信時に受領の有無を確認する書式を添付すると受領の確認がスムーズである（書式については省略）

❶ 記録の目的を端的に記載することで、記載内容が散漫になることを回避できます。また、後日記録を確認する際などにも便利です。

❷ 複数の書類に同じ内容を記載する必要はありません。「参照」などと記載し、記録作成の手間を効率化しましょう。

❸ ケアプランを担当者へ交付したことを記録に残します。

❹ サービス担当者会議に欠席した担当者に係る内容についても記載します。時間は異なりますが、目的が共通のため、続けて記載しても問題はありません。また、目的が同じものを一カ所に（若しくは連続して）記載することにより、後日確認の際に時間短縮になります。

3）他職種との連携の強化

（1）主治医等へのケアプランの交付義務

　ケアマネジャーは、利用者が訪問看護等の医療サービスの利用を希望している場合その他必要な場合には、利用者の同意を得て主治の医師等の意見を求めなければなりません（運営基準第 13 条第 19 号）。加えて、2018 年 4 月からは平時からの医療機関との連携促進のため、作成したケアプランについて、意見を求めた主治の医師等に対して交付することが追加で義務づけられました（運営基準第 13 条第 19 号の 2）。

　なお、主治医への交付方法については、対面だけではなく、郵送やメールも差し支えないとされています（解釈通知第二の 3（8）㉑）。

支援経過の記載例

20XX年 〇月20日(水) 13:00	電話発信	**目的** **主治医への意見聴取** 　訪問リハビリテーションを利用者が希望しているため、利用者の同意を得て主治医（A医院A医師）に意見を求めた。来月から週 1 回の訪問リハビリテーションを位置づけることで合意。　（サイン）
20XX年 〇月27日(水) 13:00	ファクシミリ送信	**目的** **主治医へのケアプラン交付** 　主治医の意見を受け、訪問リハビリテーションを位置づけたケアプランに来月から変更。主治医へケアプランをファクシミリにて交付。 　同日14:00　ファクシミリの受け取り確認票の返信を受ける。　（サイン）

(2) 福祉用具貸与からの個別サービス計画の受け取り

　訪問入浴介護を除く他のサービスは、個別サービス計画の作成義務が法令（サービスの運営基準※1）に規定されています。しかし、ケアマネジャーへの個別サービス計画の交付は、サービスの解釈通知※2において、ケアマネジャーからの求めを受けた際の提供に協力するよう努めるものとすると示されているのみです。

　なお、福祉用具貸与については、適正なサービス利用の観点から法令（サービスの運営基準）に福祉用具専門相談員に対して**利用者に交付する福祉用具貸与計画書をケアマネジャーにも交付する**ことが規程されています。

支援経過の記載例

20XX年 ○月30日(木)	事業所内面接	**目的** 個別サービス計画の受取・確認 　福祉用具専門相談員から、来月からの福祉用具貸与計画を受理。ケアプランと福祉用具貸与計画の内容に相違やずれがないことをお互いに確認する。　（サイン）

※1 「指定居宅サービス等の事業の人員、設備及び運営に関する基準（平成11年厚生省令第37号）」
※2 「指定居宅サービス等及び指定介護予防サービス等に関する基準について（平成11年老企第25号）」

2. 模擬事例とクイズ

　模擬事例を使用し、クイズ形式で支援経過記載のポイントを確認します。「何を残さねばならないのか（義務）」「何を残すよう努めるべきなのか（努力義務）」「何を残してはならないのか」について、自分ならどう記録するかという視点で、参加・体験しながら読み進めてください。

 ［事例5］の記載例を確認し、個別サービス計画の提出の依頼に関する記載が適切か否か、選択肢より選択してください。

［事例5］個別サービス計画の提出依頼の支援経過

20XX年 ○月○日(木) 14:00～ 　　　15:00	A訪問介護事業所へ電話発信 サービス提供責任者○○氏と話す	**目的** 訪問介護計画書の提出依頼 　訪問介護計画書の提出を依頼したが、A事業所では訪問介護計画書をケアマネジャーには提供していないとのこと。 　利用者の事故予防、ケアマネジメントの推進のために必要なことを繰り返し伝え、重ねて提出を依頼するも、提出を拒否される。　　　　　　　　（サイン）

☞ 選択肢

① 適切な記載である

② 不適切な記載である

解答と解説

■ 解答　　① 適切な記載である

■ 解説

　先に確認したとおり、居宅ケアマネジャーは、2015 年 4 月から個別サービス計画書の提供を求めることが必要となりました（運営基準第 13 条第 12 号）。

　さらに、個別サービス計画書の提出の依頼については、「平成 27 年度介護報酬改定に関する Q&A（平成 27 年 4 月 1 日）」に以下のように示されています。

> 問 188　新たに「担当者に対する個別サービス計画の提出依頼」が基準に定められたが、施行日の平成 27 年 4 月 1 日には、担当者に対して個別サービス計画の提出依頼を一斉に行わなければならないのか。
>
> ....
>
> （答）当該規定は、居宅介護支援事業所と指定居宅サービス等の事業所の意識の共有を図る観点から導入するものである。居宅介護支援事業所の多くは、個別サービス計画の提出を従来より受けており、提出を受けていない居宅介護支援事業所については、速やかに個別サービス計画の提出を求められたい。

　つまり、ケアマネジャーには、法令にて個別サービス計画書の提出を求める義務が付され、個別サービス計画書の提出を受けていない場合は、「速やかに個別サービス計画の提出を求め」るよう働きかけることが求められているのです。

　併せて、サービス事業所側の法令・通知についても、この機会に確認を
しましょう。

　前述したとおり、福祉用具貸与を除き、訪問介護事業所の側の個別サー
ビス計画書の提供については、法令（運営基準）への追記はなされていま
せん。

　個別サービス計画書の取扱いについては、2015 年 4 月から、サービス
事業所側には次のとおり、通知「指定居宅サービス等及び指定介護予防
サービス等に関する基準について」（平成 11 年老企第 25 号）第三の 1 の
3（13）に追記がされただけとなっています。

> ⑥（略）　指定訪問介護事業者は、当該居宅サービス計画を作成している
> 指定居宅介護支援事業者から訪問介護計画の提供の求めがあった際には、当
> 該訪問介護計画を提供することに協力するよう努めるものとする。

　すなわち、ケアマネジャーとサービス事業所の双方に、ケアプランと個
別サービス計画書の積極的な活用と慎重な取扱いの両立が求められてい
ること、ケアマネジャーがそのリーダーシップを発揮し、率先して連絡調
整をすることとなったのです。

　2015 年 4 月以降にサービス事業所より個別サービス計画書を受け取れ
ていない利用者については、「個別サービス計画の提出を求め」た証拠（記
録）を残せているか、支援経過などを再確認しましょう。

　［事例 5］ではケアマネジャーの役割を果たしていることが明らかなため、
クイズの解答は、「①」となるのです。

　［事例 5］の支援経過のどのような点に工夫がされているか、コメントを
提示します。参考としてください。

20XX年 ○月○日(木) 14:00〜 15:00	A訪問介護事業所へ電話発信 ❶ サービス提供責任者○○氏と話す ❷	**目的** 訪問介護計画書の提出依頼 　訪問介護計画書の提出を依頼したが、A事業所では訪問介護計画書をケアマネジャーには提供していないとのこと。 　利用者の事故予防、ケアマネジメントの推進のために必要なことを繰り返し伝え ❸、重ねて提出を依頼するも、提出を拒否される。　　　　（サイン）

❶「電話」と記載するのではなく、「電話発信」「電話受信」まで記載します。どちらから求めたのかが明確となり、後日支援を検証する際などにも便利です。

❷ 後日連絡調整等が必要になる場合もあるため、会話した担当者がわかるよう記録します。

❸ 個別サービス計画書の提出を求めた際のケアマネジャーの説明（どのように必要性を相手に伝えたのか）がわかるよう記録に残します。

　なお、［事例5］では支援経過に記録を残す場合を提示しましたが、サービス担当者会議を活用し個別サービス計画書の提出を求めることも多いと聞いています。

　このような場合には、会議中に口頭で提出を依頼するだけではなく、提出を求めたことをサービス担当者会議の要点（第4表）に忘れずに記録を残しましょう（第4表に記載する場合の記載例は、本節コラムも参照）。

3. まとめ

　利用者の権利擁護と事故予防を両立させるためには、①ケアプラン原案を利用者に説明し、文書により同意を得た上で、いつでも利用者が確認できるようケアプランを交付すること　②担当者にケアプラン交付をすること　③ケアプランと個別サービス計画書を連動させること　は、必要不可欠です。

　①利用者への説明・同意・交付については、第1表の下の空欄などを使って、署名欄を作成し、その署名欄で確認できるようにしておくことが望ましいため、支援経過には以下のことを書き漏らさないよう注意しましょう。

ケアプランの実行における2つの視点

❶ 利用者と担当者への交付が済んでいるか？
❷ 個別サービス計画書の提出依頼をしたか？

Column　個別サービス計画書の提出依頼を第4表に記載する場合の例

　出席した担当者に個別サービス計画書の提出を依頼。
　会議に欠席した訪問看護ステーションには、同日16:00電話にて当該会議の概要を伝えた際に提出を依頼。

(第4表の「結論」や「残された課題」欄などに残す)

第6節 モニタリング

　モニタリングは、ケアマネジメント過程を効果的・効率的に展開していくための最も重要な局面といわれていますが、複数の担当者等が関わることなどから、記載が不十分になることもある様子です。

　本節では、モニタリングの局面を充実させるための支援経過記載のポイントを確認しましょう。

1. モニタリングの意味と役割

1）モニタリングの定義

　モニタリングの定義は、運営基準第13条第13号にて示されています。

> 　介護支援専門員は、居宅サービス計画の作成後、居宅サービス計画の実施状況の把握（利用者についての継続的なアセスメントを含む。）を行い、必要に応じて居宅サービス計画の変更、指定居宅サービス事業者等との連絡調整その他の便宜の提供を行うものとする。

　つまり、居宅介護支援におけるモニタリングとは、「**ケアプランに位置づけた社会資源が、ねらい（計画）どおりに機能しているかを観察し、それを評価し、記録すること**」を指しています。

　サービスを確認することは、モニタリングの一部です。しかし、サービスの利用状況等の確認だけをもって「モニタリング」とはいえないため、

支援経過にモニタリング結果を記載する際には留意しましょう。

2）口腔の問題と服薬状況の伝達

　モニタリングの局面においては訪問介護事業所等から伝達された利用者の口腔に関する問題や服薬状況、モニタリング等の際にケアマネジャー自身が把握した利用者の状態等について、ケアマネジャーから主治の医師や歯科医師、薬剤師に必要な情報伝達を行うことの義務が2018年4月より追加されています（運営基準第13条第13号の2）。

支援経過の記載例

20XX年 〇月30日(木) 16:00〜	電話発信	**目的** 服薬状況の報告と今後の方針の決定 　飲み忘れによる残薬が2カ月分程度あることを主治医に報告する。 　主治医より、来月からかかりつけ薬局の薬剤師による居宅療養管理指導を月2回程度位置づけることの提案を受ける。 （サイン）

3）モニタリングの留意点

　モニタリングの留意点は、運営基準第13条第14号に示されています。

　介護支援専門員は、第13号に規定する実施状況の把握（以下「モニタリング」という。）に当たっては、利用者及びその家族、指定居宅サービス事業者等との連絡を継続的に行うこととし、**特段の事情のない限り**、次に定めるところにより行わなければならない。
　イ　少なくとも一月に一回、利用者の居宅を訪問し、利用者に面接すること。
　ロ　少なくとも一月に一回、モニタリングの結果を記録すること。

モニタリング自体が適切に実施されている場合でも、特段の事情がない限り、「少なくとも」1月に1回、つまり、**月1回以上、利用者等の状況に合わせた必要な回数を実施し、その結果を記録**する必要があります。

4)「特段の事情」

モニタリングが実施できない「特段の事情」については、解釈通知第二の3(8)⑭にて、以下のように示されています。

> （略）また、「特段の事情」とは、**利用者の事情により、利用者の居宅を訪問し、利用者に面接することができない場合を主として指すものであり、介護支援専門員に起因する事情は含まれない。**
>
> さらに、当該特段の事情がある場合については、その具体的な内容を記録しておくことが必要である。（略）

すなわち、「特段の事情」とは、**利用者の都合**でケアマネジャーが利用者の居宅を訪問できなかった場合や利用者と面接ができなかった場合を指し、ケアマネジャーに起因する事情は含まれないので注意が必要です。

そして訪問できなかった理由や状況を「特段の事情」とする場合には、その具体的な内容について記録を残しておくことも求められます。

特段の事情があった場合の記載例

| 20XX年
○月30日(水)
14:20〜
　　　15:00 | 居宅訪問
妻と面接 | **目的** モニタリング（特段の事情）
　本人は一昨日緊急入院となり、現在も入院中。自宅で本人と面接ができなかったため、自宅にて妻に状況を確認する。
　詳細は別紙モニタリングシート参照。

（サイン） |

2. 模擬事例とクイズ

　模擬事例を使用し、クイズ形式で支援経過記載のポイントを確認します。「何を残さねばならないのか（義務）」「何を残すよう努めるべきなのか（努力義務）」「何を残してはならないのか」について、自分ならどう記録するかという視点で、参加・体験しながら読み進めてください。

　[事例6] の記載例を確認し、モニタリングに関する記載が適切か否か、選択肢より選択してください。

[事例6] **モニタリングの支援経過**

| 20XX年
○月○日(水)
14:20〜
　　15:00 | 居宅訪問
本人・妻と面接 | **目的** モニタリング
＃1　ズボンの上げ下ろしが自力でできる
　ファスナーの無いウエストゴムズボンの裾に、ゴムを通して着用している。裾のゴムにより、ズボンが床に落ちないため、ズボンの上げ下げが自力でできるようになった。また、動作中にバランスを崩すことが少なくなり、姿勢も安定してきている。本人、妻とも動作が安定してきていることに喜びや満足を得ている。
　このままもう1カ月継続とする。
　　（以下略）　　　　　（サイン） |

　　　　　　　　　　　　　　　　　　＊＃は、短期目標と連動

☞ 選択肢

　① 適切な記載である
- -
　② 不適切な記載である

■ **解答**　① 適切な記載である

■ **解説**

　モニタリングの記録をする際には、運営基準第13条第14号（**イ　居宅訪問、本人面接**）を満たすことに加え、（**ロ　モニタリングの結果：ニーズとサービス等の社会資源が合致していること**）が確認・評価できるよう記載します。このため、クイズの答えは「**①**」となります。

20XX年 ○月○日(水) 14:20〜 　　　15:00	居宅訪問❶ 本人・妻と面接❶	**目的 モニタリング❶** ＃1❷　ズボンの上げ下ろしが自力でできる 　ファスナーの無いウエストゴムズボンの裾に、ゴムを通して着用している。裾のゴムにより、ズボンが床に落ちないため、ズボンの上げ下げが自力でできるようになった。また、動作中にバランスを崩すことが少なくなり、姿勢も安定してきている。本人、妻とも動作が安定してきていることに喜びや満足を得ている。 　このままもう1カ月継続とする ❸。 　　　　（以下略）　　　（サイン）

❶ 場所、目的、被面接者などの記載場所を事業所で統一しておくと、事業所内での情報共有、実地指導対策などに使えて便利です。

❷ 短期目標に連動させることで、ニーズの変化とサービス等の提供状況の双方とも確認と記録がしやすくなります。

❸ ケアマネジャーの判断や方針は、情報部分とは別に記載します。

Q クイズ ［事例7］の概要と○月22日の記載例を確認し、サービス担当者会議とモニタリングに関する記載が適切か否か、選択肢より選択してください。

［事例7］月の途中から新規の利用者を担当しています。今までの大まかなスケジュールは、次のとおりです。

○月20日　居宅介護支援の契約締結、課題分析、ケアプラン原案の作成

○月22日　サービス担当者会議とモニタリング（利用者の居宅にて、利用者、家族、サービス事業所の担当者と実施）

○月24日　ケアプランに則ったケアマネジメント（サービス）の提供開始

○月22日の支援経過の記載内容の抜粋

| 20XX年
○月22日(月)
14:00～
　　　15:00 | 居宅訪問
本人・家族
サービス事業所の担当者 | **目的 サービス担当者会議の開催、モニタリング**
　本日中にケアプラン原案を修正し、明日持参する際に本人に署名をお願いする（サービスの提供は明後日から開始）。
　担当者へは、本人の署名後に、郵送で交付することを伝え、了承を得た。併せて本会議をモニタリングとして取り扱う。　　　　　　　　（サイン） |

☞ 選択肢

① 適切な記載である

② 不適切な記載である

解答と解説

■ 解答　② 不適切な記載である

■ 解説

　本章第4節で述べたとおり、サービス担当者会議とは、「利用者の状況等に関する情報を担当者と共有するとともに、当該居宅サービス計画の原案の内容について、担当者から、専門的な見地からの意見を求める」（運営基準第13条第9号）ものです。

　そして、モニタリングとは、先述したとおり、実行中のケアプランについて、評価・確認する（再アセスメントを含む）ことを指します（同第13号）。

　つまり、初回のサービス担当者会議とモニタリングを同時に行うことはできません（ケアプランが確定していない状態ではモニタリングはできない）。このため、クイズの答えは、「②」となります。

　2回目以降のサービス担当者会議ならば、会議日以降のケアプラン原案について話し合い（サービス担当者会議）、会議日までのケアプランを確認・評価（モニタリング）することを同時に行える場合もありますが、この場合（サービス担当者会議とモニタリングを同時実施する場合）についても、それぞれの定義や確認している帳票が異なることに留意し、両過程における適切な記録を残すことを意識しましょう。

　［事例7］については、支援経過の記載以前に、ケアマネジメント自体が不適切な事例のため、修正例は提示しません。

3. まとめ

　日々変化する利用者の希望と意向を把握するためには、ケアマネジャーの力だけでは不十分です。

　利用者を含めたケアチーム全員が、**モニタリングの担い手として取り組めるよう連絡調整**し、その記録を意図的に残しましょう。

　併せて、健全な事業所運営のためには、運営基準減算を回避すること、すなわち運営基準第 13 条第 14 号を遵守していることが記録から読み取れることが必要です。

　モニタリングの記録（支援経過、モニタリングシート）に、次の内容が記載されているか確認しましょう。

モニタリングにおける 3 つの視点

❶ 少なくとも月 1 回はケアプランの評価・確認をしたことがわかる（モニタリングの結果が記載されている）か？

❷ 少なくとも月 1 回は利用者の居宅を訪問し、利用者と面接しているか？

❸ モニタリングにおいて、❶及び❷を満たせなかった場合に、満たせなかった「特段の事情」がわかるか？

　なお、モニタリングの書式については、標準様式が提示されていませんが、モニタリング結果の記録は、運営基準第 29 条第 2 項において保存が義務づけられている書類です。

　支援経過記録や事業所等で作成したモニタリングシートを使用する場合も、記録や保存に適した紙やペン等を活用し、**適切に保存**しましょう。

再アセスメント
（「軽微な変更」を含む）

　本章第6節で確認したとおり、モニタリングの定義には、継続的なアセスメント（再アセスメント）が含まれています。

　このため、再アセスメントにおける支援経過の記載は、あるときはモニタリングとともに、また、あるときは初回アセスメントと同様にといったように、フレキシブルな対応が求められます。

　本節では、再アセスメントの局面を充実させるための支援経過記載のポイントを確認しましょう。

1. 再アセスメントの意味と役割

　運営基準第13条第13号にて示されているとおり、ケアマネジャーは、**ケアプランの実施状況**（サービスの提供状況や利用者及び利用者を取り巻く環境の変化の有無など）**の確認**を行い、評価と継続的なアセスメントを行います。この継続的なアセスメントが再アセスメントです。

　再アセスメントの結果、ケアプランの変更が必要とケアマネジャーが判断した際には、原則として、運営基準第13条第3号〜第12号までに規定された居宅サービス計画作成に当たっての一連の業務を行うことが必要となります（運営基準第13条第16号）。

　しかし、利用者の希望による**軽微な変更**（例えばサービス提供日時の変更等で、ケアマネジャーが運営基準第13条第3号〜第12号までに掲げる一連の業務を行う必要性がないと判断したもの）を行う場合には、この必要はありません（解釈通知第二の3（8）⑯）。

　ただし、この場合においても、ケアマネジャーが、利用者の解決すべき課題の変化に留意することが重要であることは、同第13号（居宅サービス計画の実施状況等の把握及び評価等）にも規定されているので、注意が必要です。

　いずれの状況であっても、"いま、ここで""そのとき、その利用者にとって"運営基準第13条第3号〜第12号までに掲げる一連の業務を行う必要性がないと、ケアマネジャーが判断したことがわかるよう記録を残すことが必要になるのです。

　根拠のあるケアプランを作成するためには、モニタリング結果を記載したモニタリングシートや支援経過だけではなく、生活課題を把握するために実施した**再アセスメントの結果（アセスメントシート）も必要**です。モニタリングと併せて行うことが可能な再アセスメントだからこそ、アセスメントシートの適切な取扱いについても意識しましょう。

モニタリングと再アセスメントを同時に実施した場合の記載例

| 20XX年
○月○日(火)
13:20〜
14:00 | 居宅訪問
本人と面接 | **目的** モニタリング・再アセスメント
　モニタリングにてニーズの変化が認められ、ケアプランの修正が必要と判断したため、再アセスメントを実施。内容については、別紙モニタリングシート及びアセスメントシートを参照。

（サイン） |

気になった情報として、短期目標期間の終了に伴うケアプランの変更を「軽微な変更」とするため、居宅サービス計画書（1）（第1表）の「総合的な援助の方針」欄などに、「短期目標の終了時には自動的に長期目標まで延長します」と記載しているケアマネジャーがいるというものがあります。

　短期目標を延長するか否かは、モニタリングの結果と再アセスメントの結果がわかった時点で（いま、ここで）判断するものです。ケアプランの作成当初から、短期目標の期間終了時点で長期目標まで延長できるかどうかがわかるはずがありません。

　つまり、第1表に「短期目標の終了時には自動的に長期目標まで延長します」と記載するのは、「私はケアマネジメント過程を適切に踏む意思がありません（モニタリング・再アセスメントを行いません）」と明言していることと同じ意味になります。このような不適切な記録を残してはなりません。

　併せて、運営基準第13条第16号（居宅サービス計画の変更）について、適切な取扱いができていない場合には、運営基準減算が適用されます。

　利用者の安全と健康を守り、事業所の健全な運営を推進するためにも、再アセスメントに関する正しい知識を持ち、実践において知識を使いこなしましょう。

2. 模擬事例とクイズ

　模擬事例を使用し、クイズ形式で支援経過記載のポイントを確認します。「何を残さねばならないのか（義務）」「何を残すよう努めるべきなのか（努力義務）」「何を残してはならないのか」について、自分ならどう記録するかという視点で、参加・体験しながら読み進めてください。

 Q **クイズ**　［事例8］の記載例を確認し、ケアプランの軽微な変更に関する記載が適切か否か、選択肢より選択してください。

［事例8］　現在実施中のケアプランの短期目標が終了する際に、短期目標の期間を長期目標の期間まで延長することにしました。

20XX年 ○月○日(水) 14:50〜 　　15:20	居宅訪問	**目的** **短期目標終了に伴う** 　　　　**ケアプランの軽微な変更** （中略）利用者の希望と再アセスメントの結果、ケアマネジメントの一連の業務を行う必要性が低いため、短期目標を長期目標の期間まで延長（ケアプランの軽微な変更で対応）することとし、利用者の同意を第1表に受ける。　　　（サイン）
16:00〜 　　16:50	電話発信	担当者（A訪問介護事業所、B福祉用具貸与事業所）に、軽微な変更としてケアプランを取り扱うことを連絡。（サイン）

📢 選択肢

① 適切な記載である

② 不適切な記載である

解答と解説

■ **解答**　① 適切な記載である

■ **解説**

　ケアマネジャーが利用者の希望によるケアプランの軽微な変更を行う際には、支援経過を有効活用しましょう。

20XX年 〇月〇日(水) 14:50〜 　　　15:20	居宅訪問	**目的** **短期目標終了に伴う** 　　**ケアプランの軽微な変更❶** （中略）利用者の希望と再アセスメントの結果、ケアマネジメントの一連の業務を行う必要性が低いため、短期目標を長期目標の期間まで延長（ケアプランの軽微な変更で対応）することとし、利用者の同意を第1表に受ける❷。　（サイン）
16:00〜 　　　16:50	電話発信	担当者（A訪問介護事業所、B福祉用具貸与事業所）に、軽微な変更としてケアプランを取り扱うことを連絡❸。 　　　　　　　　　　　　　　（サイン）

❶ 軽微な変更を「いつ」判断したのか（判断の時点）がわかるよう、タイトルや目的がわかるように項目欄等に記録します。

❷ 「利用者の希望を受けていること」「ケアマネジメントの一連の業務を行う必要性が低いと判断したこと」がわかるように記録します。

❸ 実際の取扱いは保険者等により違いがあるので、地域の取扱いのルールを確認し、助言・指示に従いましょう。

3.　まとめ

　ケアマネジャーは、利用者の権利擁護と事故予防のために、モニタリング・再アセスメントの両機能の重要性を理解し、それらが有効に機能するよう行動しています。

　しかし、その記録についても適切に残せているでしょうか？　継続的なアセスメントはモニタリングの一部でもあるため、特に再アセスメントの記録が不十分になってしまっている事例も見受けられます。

　再アセスメントの記録については、次のことがわかるかどうかを確認しましょう。

再アセスメントの支援経過における 2 つの視点

❶ モニタリングと再アセスメントを同時に行った場合にも、再アセスメントを実施したこととその結果が明確にわかるか？（アセスメントシートの記載も併せて）

❷ 「軽微な変更」として取り扱う際には、根拠（ケアマネジャーが運営基準第 13 条第 3 号〜第 12 号までの一連の流れを実施しないでよいと判断したこと）がわかるか？

　運営基準第 13 条第 16 号（居宅サービス計画の変更）について、適切な取扱いができない場合には、運営基準減算が適用されます。ケアマネジャーがケアマネジメントを適切に実施している証拠としても、事業所の健全な経営のためにも、適切な取扱いをしましょう。

　直接的な支援は終了しても、記録の保存期間が終了するまでが居宅介護支援です。「ケアプランは利用者本人のものである」というケアマネジャーの思いを、終結の局面においても活かしていることを記録として残しましょう。

　本節では、終結の局面を充実させるための支援経過記載のポイントを確認しましょう。

1. 終結の意味と役割

1）終結時の記録を保存

　「終結」とは支援が終了すること、つまり、ケアマネジメント過程を円環（循環）させる必要がなくなることです。

　しかし、社会保険制度である介護保険では、支援が終了したらそれですべて終了ではなく、規定された年限、適切に記録を整備し保存する義務があります。

記録の整備については、運営基準第29条第1項に示されています。

> 　指定居宅介護支援事業者は、従業者、設備、備品及び会計に関する諸記録を整備しておかなければならない。

つまり、事業者（法人）が責任者であり、事業所の管理者であったとしても、「こうしたほうがよい」といった提案がある場合には、まずは事業者（法人）に相談しましょう。

また、記録の保存年限と保存すべき記録については、運営基準第29条第2項に示されています。

> 　指定居宅介護支援事業者は、利用者に対する指定居宅介護支援の提供に関する次の各号に掲げる記録を整備し、その完結の日から2年間保存しなければならない。
> 一　（略）指定居宅サービス事業者等との連絡調整に関する記録
> 二　個々の利用者ごとに次に掲げる事項を記載した居宅介護支援台帳
> 　　イ　居宅サービス計画
> 　　ロ　（略）アセスメントの結果の記録
> 　　ハ　（略）サービス担当者会議等の記録
> 　　ニ　（略）モニタリングの結果の記録
> 三　（略）市町村への通知に係る記録
> 四　（略）苦情の内容等の記録
> 五　（略）事故の状況及び事故に際して採った処置についての記録

2）「完結の日」の共通化

「完結の日」については、2021（令和3）年度から解釈通知が改正され、具体的な解釈が文書で示されました（解釈通知第二の3（24）記録の整備）。

　つまり、居宅介護支援における「完結」とは、「支援の終了日」であることが、明確に示されたのです。

　ただし、具体的な解釈は示されましたが、運営基準第 29 条は、条例制定時の参酌すべき基準に該当する条項です。このため、記録の保存年限についても、2 年間や 5 年間などの違いが生じているだけではなく、「完結の日」についても条例を制定する市町村により違いが生じます。

　なお、厚生労働省は、「令和 3 年度介護報酬改定に関する Q ＆ A（Vol.3）」にて、指定権者が独自の規定を定めている場合は、当該規定に従っていれば、指定違反にはならないことについて説明しています。

「完結の日」とは別の表現で示されている市町村に所在する居宅介護支援事業所は、事業者（法人）の方向と相違がないかなどの確認の上、適切な保存を心がけてください。

3）電磁的記録での保存

　2）で確認した「完結の日」の共通化と併せて、記録の保存や交付等について、適切な個人情報の取扱いのうえ、電磁的な対応が認められることになりました。このため、運営基準第29条第2項で保存が義務づけられている書類に関しても、電磁的な保存が可能です。

　ただし、電磁的な保存を行う場合には、運営基準第31条とその解釈通知第二の5（1）を確認し、適切に保存しましょう。

解釈通知第二の5（1）電磁的記録について

❶電磁的記録による作成は、事業者等の使用に係る電子計算機に備えられたファイルに記録する方法または磁気ディスク等をもって調製する方法によること。

❷電磁的記録による保存は、以下のいずれかの方法によること。

　ア　作成された電磁的記録を事業者等の使用に係る電子計算機に備えられたファイル又は磁気ディスク等をもって調製するファイルにより保存する方法

　イ　書面に記載されている事項をスキャナ等により読み取ってできた電磁的記録を事業者等の使用に係る電子計算機に備えられたファイル又は磁気ディスク等をもって調製するファイルにより保存する方法

❸その他、基準第31条第1項において電磁的記録により行うことができるとされているものは、①及び②に準じた方法によること。

❹また、電磁的記録により行う場合は、個人情報保護委員会・厚生労働省「医療・介護関係事業者における個人情報の適切な取扱いのためのガイダンス」及び厚生労働省「医療情報システムの安全管理に関するガイドライン」等を遵守すること。

4）終結をケアマネジメントに活かす

　終結の局面においては、支援経過に記載すべきと示されているものは特にありません。

　しかし、先述したとおり、利用者についての記録の長期間の保存が介護保険法令において義務づけられているため、書類を適切に取り扱うことが求められます。これに加え、利用者一人ひとりの終結を考えることは、事業所としての支援の評価等をすることにつながり、ケアマネジメントの充実からも重要です。

　ケアマネジャーとして、適切な取扱いを心がけ、実践しましょう。

介護保険施設入所により終結を迎えた場合の記載例

20XX年 ○月○日(土) 15:00〜 　　　15:15	電話受信 娘と話す	**目的** 支援の終了 　本日午前中に、娘夫婦に付き添われ、A介護老人福祉施設に入所した。本人は入所について理解していない様子だったが、他の入所者と歓談し、昼食も完食したとのこと。 　本日で支援終了とする。　　　（サイン）

2. 模擬事例とクイズ

模擬事例を使用し、クイズ形式で支援経過記載のポイントを確認します。「何を残さねばならないのか（義務）」「何を残すよう努めるべきなのか（努力義務）」「何を残してはならないのか」について、自分ならどう記録するかという視点で、参加・体験しながら読み進めてください。

 ［事例9］の記載例を確認し、担当交代に伴う引継ぎに関する記載が適切か否か、選択肢より選択してください。

［事例9］担当している利用者が、他県の長女宅へ転居するため、居宅介護支援事業所（ケアマネジャー）の担当交代をすることになりました。

他事業所と担当引継ぎ時の支援経過

20XX年 ○月○日(月) 15:00	担当交代に伴う引継ぎ（書類の交付）	Aさんの転居に伴う担当交代のため、Aさんの了解を受け、新たに担当する他県（他法人）の事業所宛にAさんのケアプランを一式複写して送付。 　モニタリングや支援経過については、至急必要な書類ではないこと、事務作業の煩雑化などの理由から当事業所の方針により送付しない。　　　　　（サイン）

☞ 選択肢

① 適切な記載である

② 不適切な記載である

■ **解答**　② 不適切な記載である

■ **解説**

　ケアマネジャーは、担当ケアマネジャーを交代する際に、新たな事業所やケアマネジャーへケアプランを交付する権限を有していません。「自分が作ったケアプランを使えないなんておかしい！」とするケアマネジャーもいますが、このような考えは間違いです。

　ケアマネジャーには秘密の保持義務が課せられており、「正当な理由なく」知り得た情報を漏えいすることが禁じられています（運営基準第23条）。

　なお、「正当な理由」について、介護保険法令では詳細が示されていませんが、「正当な理由」に該当すると判断する場合の一般的な理由の一つに、**法令の規定**があります。

　ケアマネジャーが作成したケアプランを交付できるのは、法令（運営基準第13条第11号）に、「介護支援専門員は、居宅サービス計画を**作成した際には、当該居宅サービス計画を利用者及び担当者に交付しなければならない**」と規定されているためです。

　ここでいう「担当者」の定義は、同第9号にて、「介護支援専門員が居宅サービス計画の作成のために、（略）**居宅サービス計画の原案に位置付けた指定居宅サービス等の担当者**」と示されています。

　このため、「担当者」ではない新たなケアマネジャーやその事業所への交付はできません。また、「担当者」に対しても、ケアプランの作成・変

更時以外には、ケアマネジャーはケアプランを交付する権利がないのです。

しかし、［事例9］のように利用者の転居等によって、現在のケアマネジャーの支援は終了（完結）しますが、利用者の生活は続きます。そして、利用者の「生活全般の解決すべき課題（ニーズ）」（以下「ニーズ」）は、次のいずれかになるでしょう。

> （1）現在のニーズで、転居の後も継続するニーズ
>
> （2）現在はニーズだが、転居により終了するニーズ
>
> （3）転居に伴い新たに生じるニーズ

これらのニーズの変化を見極め、適切な居宅介護支援を提供するためには、ケアマネジャー同士の連携が重要になります。しかし、ケアプランのやり取りができないとなると、適切な支援が継続されない危険性もあります。

このような状況で活用してほしいのが、運営基準第15条（利用者に対する居宅サービス計画等の書類の交付）です。

> **指定居宅介護支援事業者**は、利用者が他の居宅介護支援事業者の利用を希望する場合、要介護認定を受けている利用者が要支援認定を受けた場合その他利用者からの申出があった場合には、**当該利用者**に対し、**直近の居宅サービス計画及びその実施状況に関する書類**を交付しなければならない。

ケアマネジャーは、利用者の権利擁護（ケアマネジメント）と事故予防（リスクマネジメント）のために、新たな事業所等と連絡調整をすることが求められます。この際に、法令遵守（コンプライアンス）も忘れずに、その役割を担う必要があるのです。

なお、「**直近**」の期間などに疑義が生じた場合には、責任主体である事業者（法人）に確認をした上で、対応しましょう。

20XX年 ○月○日(月) 15:00	担当交代に伴う引継ぎ（書類の交付）	Aさんの転居に伴う担当交代のため、Aさんの了解を受け、新たに担当する他県（他法人）の事業所宛にAさんのケアプランを一式複写して送付❶。 モニタリングや支援経過については、至急必要な書類ではないこと、事務作業の煩雑化などの理由から当事業所の方針により送付しない❷。　　　（サイン）

❶ 新たな事業所に交付することができない書類を交付（守秘義務違反）している証拠が残っています（運営基準第 13 条第 11 号、第 15 条、第 23 条）。

❷ 事業者は、利用者の希望を受け、利用者に直近のケアプランと実施状況に関する記録を交付する義務があり、居宅介護支援事務所や担当ケアマネジャーにはモニタリングや支援経過を交付しないことを決める権限はありません（運営基準第 15 条）。

■ 修正例

法令違反をしている事例のため、他事例の記載例を提示します。

他事業所との担当交代時の支援経過の記載例

20XX年 ○月○日(月) 15:00	担当交代に伴う引継ぎ（書類の交付）	Aさんの転居に伴うケアマネジャー交代のため、直近のケアプラン、モニタリングシート、支援経過を複写し、Aさんに交付。Aさんから転居先のケアマネジャーに渡してもらうよう伝える。 　　　　　　　　　　　　　（サイン）

3. まとめ

　直接的な支援は終了しても、**記録の保存期間が終了するまでが居宅介護支援**（ケアマネジメント）の継続した過程と考え、対応しましょう。

　その上で、より望ましい方法等に思い至った際などには、ケアマネジャーや事業所だけで決定せずに、必ず記録の整備と保存の責任者である事業者（法人）に相談し、指示を確認の上対応しましょう。

　終結の記録については、記録すべきと示されているものは特にありません。ただし、今後のケアマネジメントの推進のためにも、次のことがわかるとよいでしょう。

終結の支援経過における2つの視点

❶ 終結に至った理由と経緯がわかるか？
❷ ❶に関する利用者や家族の思いがわかるか？

　利用者一人ひとりの終結を振り返り、確認することは、**ケアマネジメントの質を向上させる**ことにつながります。また、事業所全体で終結を考えることは、社会資源としての**居宅介護支援事業所を成長させるチャンス**ともいえます。

　ケアマネジメント過程の重要性を理解しているケアマネジャーだからこそ、終結の記録を再確認する機会を作り、有効に活用してほしいと思います。

Memo

第3章

支援経過記載の残し方

● 報酬請求編

目 次

第3章では、居宅介護支援における加算を算定する際の留意事項（記録の残し方）を中心に確認します。

　居宅介護支援においては、体制加算（本章第1節のコラム参照）以外については、居宅サービス計画等に残すことが一般的ですが、加算の種類ごとに算定要件や算定時の留意事項（記録）等が異なるため、要件を満たした記載ができているか確認が必要です。

　本書では、ケアマネジャーや事業所が、「（加算は）とれるけど自信がないからとらない」、「（加算を）とると実地指導が怖いからとりたくない」という負のスパイラルから抜け出せるよう、体制加算以外の支援経過の記載が重要となる加算に絞り、根拠と具体例を示しました。

　支援経過への記載が必要な加算について、それぞれの目的や算定根拠などを理解し、算定の要件と留意事項を満たした必要な記録を残せるよう、具体的に確認します。

　少数精鋭で働くことの多い居宅ケアマネジャーが、日ごろの法令遵守（コンプライアンス）の振り返りとしても、実地指導等の対策としても使える内容です。自身の実践を振り返りながら確認を進めてください。

居宅介護支援における加算算定の必要性

1. 加算算定を推進する必要性

　福祉分野で働く専門職は、お金に固執するのは望ましいことではないという意識から、加算について議論や確認をすることをためらう気持ちがあるようです。

　しかし、適切で質の高いケアマネジメントの提供のためには、**質の高い人材を育成**していく必要があり、そのために**利益を確保する**ことは必要不可欠といえます。

　もともと人件費率の高い居宅介護支援事業所にとって、基本報酬だけで利益を生み出すことは不可能に近いため、加算取得を積極的に行う必要があるのです。

2. 加算本来の意味

　加算には、質の高いケアマネジメントを提供した証拠という一面もあります。「加算は事業所の利益にしかならない（だから算定する必要はない）」「加算を算定すると実地指導が怖い（だから加算を算定しない）」などというケアマネジャーもいますが、加算は自身のケアマネジメントの質を保証する側面も有しているということを思い出してほしいものです。

3. 適正な算定のために必要な知識

　報酬請求に関しては、実地指導等の対象となるため、加算を算定するのが怖いと感じる人もいるでしょう。

　適切な支援をした証拠として加算を算定するためには、手あたり次第（不適切に）加算を算定するのではなく、第三者が見てもその根拠や理由がしっかりわかるように支援経過を記載することが必要となります。

　そのためには、加算の概要と加算を算定する際の記録のルールを理解しておくことが必要なのです。

　社会保障制度である介護保険サービスの事業者や事業所は、**人罪**による利用者への不利益を起こさないという消極的な理由だけではなく、**人材**である一人ひとりの職員の能力を向上させ、社会資源たる**人財**に育てる道義的責任を有しています。

　一人ひとりが自身の役割と使命を理解し、積極的にその責を担えるよう、加算の理解を深めましょう。

Ⓒolumn 体制加算

　介護報酬は、事業所・施設ごとの基準に応じて単位数が設定され、この基準等を満たした場合に算定できる加算や、満たさない場合に行う減算があります。

　これらの加算を算定する場合には、事業者等は介護報酬算定に関する体制等について、事前に指導監督者（居宅介護支援の場合は、市町村）に届出をする必要があります。

　このような、算定に当たり事前に指導監督者への届出が必要な加算を一般的に「体制加算」と呼びます。

　居宅介護支援における体制加算には、「特別地域居宅介護支援加算」、「中山間地域等における小規模事業所加算」、「中山間地域等に居住する者へのサービス提供加算」、「特定事業所加算」、「特定事業所医療介護連携加算」、「ターミナルケアマネジメント加算」があります。

　これらの体制加算等の特徴は、「契約の際に重要事項説明書で説明し、同意を受けている（該当する人全てから算定する）」ため、ターミナルケアマネジメント加算を除き、支援経過の記載は不要とされる場合が一般的です。

　ただし、介護給付費等の適正化や利用者保護の立場から、「いつから算定したかがわかるよう、支援経過に残すこと」「体制加算についても、算定のたびに居宅サービス計画書等（主に支援経過）に記録を残すこと」「利用者から加算算定同意書を事前に受けてから算定すること」などのルールを決め指導している地域もあるようです。地域ごとの取り決めがある場合には、その指示に従ってください。

居宅介護支援費の算定構造

基本部分				

イ 居宅介護支援費 (1月につき)	(1) 居宅介護支援費 (I)	(一) 居宅介護支援費 (i)	要介護 1・2	(1,076 単位)
			要介護 3・4・5	(1,398 単位)
		(二) 居宅介護支援費 (ii)	要介護 1・2	(539 単位)
			要介護 3・4・5	(698 単位)
		(三) 居宅介護支援費 (iii)	要介護 1・2	(323 単位)
			要介護 3・4・5	(418 単位)
	(2) 居宅介護支援費 (II)	(一) 居宅介護支援費 (i)	要介護 1・2	(1,076 単位)
			要介護 3・4・5	(1,398 単位)
		(二) 居宅介護支援費 (ii)	要介護 1・2	(522 単位)
			要介護 3・4・5	(677 単位)
		(三) 居宅介護支援費 (iii)	要介護 1・2	(313 単位)
			要介護 3・4・5	(406 単位)

ロ 初回加算		(1月につき ＋300 単位)

ハ 特定事業所加算	(1) 特定事業所加算(I)	(1月につき ＋505 単位)
	(2) 特定事業所加算(II)	(1月につき ＋407 単位)
	(3) 特定事業所加算(III)	(1月につき ＋309 単位)
	(4) 特定事業所加算(A)	(1月につき ＋100 単位)

ニ 特定事業所医療介護連携加算		(1月につき ＋125 単位)

ホ 入院時情報連携加算	(1) 入院時情報連携加算(I)	(1月につき ＋200 単位)
	(2) 入院時情報連携加算(II)	(1月につき ＋100 単位)

ヘ 退院・退所加算 (入院または入所期間中1回を限度に算定)	(1) 退院・退所加算(I)イ	(＋450 単位)
	(2) 退院・退所加算(I)ロ	(＋600 単位)
	(3) 退院・退所加算(II)イ	(＋600 単位)
	(4) 退院・退所加算(II)ロ	(＋750 単位)
	(5) 退院・退所加算(III)	(＋900 単位)

ト 通院時情報連携加算		(1月につき ＋50 単位)

チ 緊急時等居宅カンファレンス加算		(1月に2回を限度に ＋200 単位)

リ ターミナルケアマネジメント加算	死亡日及び死亡日前14日以内に 2日以上在宅の訪問等を行った場合	(＋400 単位)

注	注	注	注	注
運営基準減算	特別地域居宅介護支援加算	中山間地域等における小規模事業所加算	中山間地域等に居住する者へのサービス提供加算	特定事業所集中減算
（運営基準減算の場合）×50／100	＋15／100	＋10／100		
（運営基準減算が2月以上継続している場合）算定しない	＋15／100	＋10／100	＋5／100	1月につき－200単位

※居宅介護支援費（Ⅰ）については、介護支援専門員1人当たりの取扱件数が40件以上である場合、40件以上60件未満の部分については（ⅱ）を、60件以上の部分については（ⅲ）を算定する。

※居宅介護支援費（Ⅱ）については、一定の情報通信機器（人工知能関連技術を活用したものを含む。）の活用又は事務職員の配置を行っている場合に算定できる。なお、介護支援専門員1人当たりの取扱件数が45件以上である場合、45件以上60件未満の部分については（ⅱ）を、60件以上の部分については（ⅲ）を算定する。

※令和3年9月30日までの間は、居宅介護支援費のイについて、所定単位数の千分の千一に相当する単位数を算定する。

第 2 節　初回加算

初回加算の概要

●加算の目的

　新規の利用者を担当する際に発生する**ケアマネジメントの手間**（情報収集、連絡調整等の時間や手間）を評価する加算です。

●算定根拠等

　○単位数：300 単位／月
　○算定根拠：算定基準：ロ　　利用者等告示：第 56 号
　　　　　　　算定基準の解釈通知：第 3 の 9

●算定要件

　①事業所で「**新規**」に居宅サービス計画を作成する利用者に指定居宅介護支援を行った場合　②別に厚生労働大臣が定める基準に適合する場合（（1）要支援者が要介護認定を受けた場合　（2）要介護状態区分が 2 区分以上変更された場合）に算定が可能です。

　「**新規**」の利用者には、事業所で給付管理を 2 月以上担当していない利用者も含まれることが、「平成 21 年 4 月改定関係 Q&A（Vol.1）」で示されています。

> 問62　初回加算において、新規に居宅サービス計画を作成する場合の「新
> 　　　規」の考え方について示されたい。
>
> ···
>
> （答）契約の有無に関わらず、当該利用者について、**過去2月以上、当該居**
> 　　　**宅介護支援事業所において居宅介護支援を提供しておらず**、居宅介護支
> 　　　援が算定されていない場合に、当該利用者に対して居宅サービス計画
> 　　　を作成した場合を指す。なお、介護予防支援における初回加算につい
> 　　　ても、同様の扱いとする。

● 算定ができない二つの条件

①**運営基準減算に該当する場合**（算定基準：イ注3）　②**退院・退所加算**
を算定する場合（算定基準：ヘ）には、初回加算の算定ができません。

● 算定の際の留意事項（記録）

　初回加算は体制加算（本章第1節コラム参照）に近い加算（該当する場
合はほとんどが算定できる）で、重要事項説明書にて説明できるため、算
定の都度、支援経過に残す必要はない（少ない）といわれています。

　しかし、2月以上給付管理をしていない場合にも「新規」として算定で
きることなど、一般的な "初回" のイメージとかい離している場合には、
支援経過にも記載を残すとよいでしょう。

20XX年 ○月○日(月) 15:00〜 15:30	居宅訪問 利用者・長女 と面接	**目的** 支援の再開（再契約） 　半年ぶりに次女宅から長女宅に戻った ため、居宅介護支援の依頼を受け、再契 約。（中略） 　初回加算の算定をすることを伝え、了 承を得る。 　　　　　　　　　　　　　　（サイン）

第3節　入院時情報連携加算

1．入院時情報連携加算の概要

● 加算の目的

　担当する利用者の入院時に、病院又は診療所（以下「医療機関」）への情報提供を行った際に、月に1回に限り加算します。ケアマネジメントを行う際の医療連携の手間を評価する加算です。

● 算定根拠等

> ○単位数：3日以内に必要な情報を提供した場合　　⇒（Ⅰ）　200単位
> 　　　　　4〜7日以内に必要な情報を提供した場合 ⇒（Ⅱ）　100単位
> ○算定根拠：算定基準：ホ　　定める基準：第85号
> 　　　　　算定基準の解釈通知：第3の13

　2018年3月までは、医療機関を訪問して面接により情報を提供をした場合と、それ以外の手段（電話、ファクシミリなど）で情報を提供した場合で単位数が異なっていましたが、2018年4月からは入院後3日以内の情報提供を新たに評価する（提供時点により評価が異なる）とともに、情報提供の方法による差はなくなりました。

● 算定要件

　利用者の医療機関への入院に当たり（入院してから遅くとも **7日以内に**）、当該医療機関の職員に「必要な情報」を提供した場合に、**1月に1回** を限度として算定が可能です。

○ 入院日
○ 当該利用者の心身の状況（疾患・病歴、認知症の有無や徘徊等の行動の有無など）
○ 生活環境（家族構成、生活歴、介護者の介護方法や家族介護者の状況など）
○ サービスの利用状況

「当該利用者の心身の状況」だけではなく、「生活環境」や「サービスの利用状況」なども「必要な情報」とされています。漏らさずに提供しましょう。

● 算定の際の留意事項（記録）

　算定する際には、**居宅サービス計画等** に、以下を漏れなく記載します。

○ 情報提供を行った**日時**（入院から3日若しくは7日以内であること）
○ **場所**（医療機関を**訪問**した場合）
○ **内容**
○ **提供手段**（面談、ファクシミリ等）

● 標準様式（入院時情報提供書）

　より効果的な連携となるよう、入院時に医療機関が求める利用者の情報として標準様式（入院時情報提供書）が2018年度から示されています。

入院時情報提供書

医療機関 ◀━━━ 居宅介護支援事業所

医療機関名:	事業所名:	記入日: 年 月 日
ご担当者名:	ケアマネジャー氏名:	入院日: 年 月 日
	TEL: FAX:	情報提供日: 年 月 日

利用者（患者）／家族の同意に基づき、利用者情報（身体・生活機能など）の情報を送付します。是非ご活用下さい。

1. 利用者（患者）基本情報について

患者氏名	（フリガナ）	年齢	才	性別	男 女
		生年月日	明・大・昭 年 月 日生		
住所	〒	電話番号			
住環境 ※可能ならば、「写真」などを添付	住居の種類（戸建て・集合住宅） __階建て. 居室__階. エレベーター（有・無）				
	特記事項（ ）				
入院時の要介護度	□要支援（ ） □要介護（ ） 有効期間： 年 月 日～ 年 月 日				
	□申請中（申請日 ／ ） □区分変更（申請日 ／ ） □未申請				
障害高齢者の 日常生活自立度	□自立 □J1 □J2 □A1 □A2 □B1 □B2 □C1 □C2		□医師の判断		
認知症高齢者の 日常生活自立度	□自立 □I □Ⅱa □Ⅱb □Ⅲa □Ⅲb □Ⅳ □M		□ケアマネジャーの判断		
介護保険の自己負担割合	□__割 □不明	障害など認定	□なし □あり（身体・精神・知的）		
年金などの種類	□国民年金 □厚生年金 □障害年金 □生活保護 □その他（ ）				

2. 家族構成／連絡先について

世帯構成	□独居 □高齢者世帯 □子と同居 □その他（ ）		
	＊□日中独居		
主介護者氏名	（続柄 ・ 才）（同居・別居）		TEL
キーパーソン	（続柄 ・ 才）連絡先	TEL:	TEL

3. 本人／家族の意向について

本人の趣味・興味・関心領域等	
本人の生活歴	
入院前の本人の 生活に対する意向	□同封の居宅サービス計画（1）参照
入院前の家族の 生活に対する意向	□同封の居宅サービス計画（1）参照

4. 入院前の介護サービスの利用状況について

入院前の介護サービスの 利用状況	同封の書類をご確認ください。
	□居宅サービス計画書1.2.3 表 □その他（ ）

5. 今後の在宅生活の展望について（ケアマネジャーとしての意見）

在宅生活に必要な要件	
退院後の世帯状況	□独居 □高齢世帯 □子と同居（家族構成員数 名）＊□日中独居
	□その他（ ）
世帯に対する配慮	□不要 □必要（ ）
退院後の主介護者	□本シート2に同じ □左記以外（氏名 続柄 ・年齢 ）
介護力 *	□介護が見込める（□十分・□一部） □介護力は見込めない □家族や支援者はいない
家族や同居者等による 虐待の疑い *	□なし □あり（ ）
特記事項	

6. カンファレンス等について（ケアマネジャーからの希望）

「院内の多職種カンファレンス」への参加	□希望あり	
「退院前カンファレンス」への参加	□希望あり	・具体的な要望（ ）
「退院前訪問指導」を実施する場合の同行	□希望あり	

*＝診療報酬 退院支援加算1.2「退院困難な患者の要因」に関連

7. 身体・生活機能の状況／療養生活上の課題について

| 麻痺の状況 | なし | 軽度 | 中度 | 重度 | 褥瘡の有無 | □なし □あり（　　　　） |

ADL	移動	自立	見守り	一部介助	全介助	移動（室内）	□杖 □歩行器 □車いす □その他
	移乗	自立	見守り	一部介助	全介助	移動（屋外）	□杖 □歩行器 □車いす □その他
	更衣	自立	見守り	一部介助	全介助	起居動作	自立　見守り　一部介助　全介助
	整容	自立	見守り	一部介助	全介助		
	入浴	自立	見守り	一部介助	全介助		
	食事	自立	見守り	一部介助	全介助		

食事内容	食事回数	（　）回／日（朝__時頃・昼__時頃・夜__時頃）		食事制限	□あり（　　　　）□なし □不明
	食事形態	□普通 □きざみ □嚥下障害食 □ミキサー		UDF等の食形態区分	
	摂取方法	□経□ □経管栄養	水分とろみ	□なし □あり	水分制限 □あり（　　　）□なし □不明

口腔	嚥下機能	むせない	時々むせる	常にむせる	義歯	□なし □あり（部分・総）
	口腔清潔	良	不良	著しく不良	口臭	□なし □あり

排泄*	排尿	自立	見守り	一部介助	全介助	ポータブルトイレ	□なし □夜間 □常時
	排便	自立	見守り	一部介助	全介助	オムツ／パッド	□なし □夜間 □常時

睡眠の状態	良	不良（　　　　）	眠剤の使用	□なし □あり
喫煙	無	有 __本くらい／日	飲酒	無　　有 __合くらい／日あたり

コミュニケーション能力	視力	問題なし	やや難あり	困難	眼鏡	□なし □あり（　　　　　　）
	聴力	問題なし	やや難あり	困難	補聴器	□なし □あり
	言語	問題なし	やや難あり	困難	コミュニケーションに関する特記事項：	
	意思疎通	問題なし	やや難あり	困難		

精神面における療養上の問題	□なし □幻視・幻聴 □興奮 □焦燥・不穏 □妄想 □暴力／攻撃性 □介護への抵抗 □不眠 □昼夜逆転 □徘徊 □危険行為 □不潔行為 □その他（　　　　　　　　　　　　）
疾患歴*	□なし □悪性腫瘍 □認知症 □急性呼吸器感染症 □脳血管障害 □骨折 □その他（　　　　　　　　　　　　　　　　　　　　　）
入院歴*	最近半年間での入院　□なし □あり（理由：　　　　　期間：　　年　月　日～　　年　月　日） □不明
	入院頻度　□頻度は高い／繰り返している □頻度は低いが、これまでにもある □今回が初めて
入院前に実施している医療処置*	□なし □点滴 □酸素療法 □喀痰吸引 □気管切開 □胃ろう □経鼻栄養 □経腸栄養 □褥瘡 □尿道カテーテル □尿路ストーマ □消化管ストーマ □痛みコントロール □排便コントロール □自己注射（　　　　　　　　　）□その他（　　　　　　　　　　）

8. お薬について　※必要に応じて、「お薬手帳（コピー）」を添付

内服薬	□なし □あり（　　　　　　）	居宅療養管理指導	□なし □あり（職種：　　　　　）
薬剤管理	□自己管理 □他者による管理（・管理者：　　　　・管理方法：　　　　　）		
服薬状況	□処方通り服用 □時々飲み忘れ □飲み忘れが多い、処方が守られていない □服薬拒否		
お薬に関する、特記事項			

9. かかりつけ医について

かかりつけ医機関名		電話番号	
医師名	（フリガナ）	診察方法・頻度	□通院 □訪問診療 ・頻度＝（　　　）回／月

*＝診療報酬　退院支援加算1.2「退院困難な患者の要因」に関連

２．地域包括ケアシステムの推進

■住み慣れた地域において、利用者の尊厳を保持しつつ、必要なサービスが切れ目なく提供されるよう取組を推進

（１）認知症への対応力向上に向けた取組の推進
○ 介護サービスにおける認知症対応力を向上させていく観点から、訪問系サービスについて、認知症専門ケア加算を新たに創設する。
○ 緊急時の宿泊ニーズに対応する観点から、多機能系サービスについて、認知症行動・心理症状緊急対応加算を新たに創設する。
○ 介護に関わる全ての者の認知症対応力を向上させていくため、介護に直接携わる職員が認知症基礎研修を受講するための措置を講ずることを義務づける。（３年の経過措置期間を設ける）

（２）看取りへの対応の充実
○ 看取り期の本人・家族との十分な話し合いや関係者との連携を一層進める観点から、基本報酬や看取りに係る加算等の評価を進める。
○「人生の最終段階における医療・ケアの決定プロセスに関するガイドライン」等の内容に沿った取組を求める。
○ 特養、老健施設やや介護付きホーム、介護付きホームについて、現行の死亡日以前30日前からの算定に加えて、それ以前の一定期間の対応について、新たに評価する。（看取り期における夜間又は深夜の間職員を配置している場合に新たに評価すること）
○ 看取り期の利用者に訪問介護を提供する場合について、訪問介護の２時間ルール（２時間未満の間隔のサービス提供は所要時間を合算すること）を弾力化し、それぞれの所定単位数の算定を可能とする。

（３）医療と介護の連携の推進
○ 医師等による居宅療養管理指導において、利用者の社会生活面の課題にも目を向け、地域社会における様々な支援へとつながるよう留意し、関連する情報をケアマネジャー等に提供するよう努めることとともに、総合的な医学的管理を評価する。
○ 短期療養について、基本報酬の評価を見直すとともに、医療ニーズのある利用者の受入れ促進の観点から、検査の実施や医学的評価の要件等を見直す。
○ 老健施設において、適切な医療を提供する観点から、所定疾患施設療養費について、検査の実施、対象疾患の追加を行う。
○ かかりつけ医連携薬剤調整加算について、継続的な薬物治療を提供する観点から、かかりつけ医との連携を推進し、一定期間ごとに移行の検討状況の報告を求める。　※(1)(2)(3)も参照
○ 介護医療院について、長期療養・生活施設の機能の充実を図る観点から、長期入院患者・サービス提供ことを新たに評価する。
介護療養型医療施設について、令和5年度末での廃止期限までの円滑な移行に向けて、一定期限ごとに移行の検討状況の報告を求める。

（４）在宅サービスの機能と連携の強化
○ 訪問介護の通院等乗降介助について、利用者の負担軽減の観点から、居宅が始点又は終点となる場合の目的地間の移送についても算定可能とする。
○ 訪問入浴介護について、新規利用者への初回サービス提供前の利用の調整を行った場合の評価を新たに評価する観点から、部分浴を実施した場合の減算幅を見直す。
○ 訪問看護について、主治の医師が必要と認める場合に、退院・退所当日の算定を可能とする。清拭・退所当日の算定を可能とする。看護体制強化加算の要件等を見直す。
○ 認知症GH、短期療養ニーズに対応する観点から、緊急時の宿泊ニーズに対応した職員を配置した場合を新たに評価する。緊急時短期利用の受入日数や人数の要件等を見直す。
○ 個室ユニット型施設の１ユニットの定員を改める。

（５）介護保険施設や高齢者住まいにおける対応の強化
○ 緊急時の宿泊ニーズに対応する観点から、緊急時短期利用の受入人数を１日につき原則として概ね10人以下から15人を超えないものとする。「原則として概ね10人以下から15人を超えないもの」とする。

（６）ケアマネジメントの質の向上と公正中立性の確保
○ 特定事業所加算について、事業所間連携により体制確保を図る観点から、通減制について、ICT活用又は事務職員の配置を行っている場合の評価を新たに評価する。
○ 適切なケアマネジメントの実施を確保しつつ、経営の安定化を図る観点から、通減制について、ICT活用又は事務職員の配置を行っている場合に、適用件数を40件以上から45件以上とする。
○ 利用者が医療機関に入院する際に同意を、医師等に情報提供を行い、当該情報を踏まえてケアマネジメントを行う場合、当該情報を踏まえた個々のケアプランを作成し、医療等と情報連携等を新たに評価する。

（７）地域の特性に応じたサービスの確保
○ 夜間、認知症、多機能系サービスについて、多機能系サービスを踏まえ、令和2年提案を可能とする。地域包括支援センター等の情報連携を評価する。
○ 認知症GHについて、ユニット数を弾力化、サテライト型事業所の配置を行う場合、サテライト型事業所を創設する。ユニット数や登録定員において登録定員を超過した場合の報酬減額を、小多機能型居宅介護等について、過疎地域等において、市町村が認めた場合に、従うべき基準「従うべき基準」から「標準基準」に見直す。
○ 令和元年地方分権提案、令和2年提案を踏まえ、小多機能型居宅介護等について、過疎地域等において、市町村が認めた場合に登録定員を超過した場合の報酬減算を一定の期間行わないことを可能とする。

出典：厚生労働省資料

2. 模擬事例とクイズ

入院時情報連携加算を算定する際の支援経過の記載を確認し、最も適切なものを選択肢より選択してください。

　なお今回は省略しますが、入院時情報提供書の内容を漏らさず記入して情報提供の際に活用し、支援経過と併せて保存している設定とします。

| 20XX年
5月21日(木)
15:00 | A病院
担当看護師に
ファクシミリ
送信 | **目的** 5月20日の入院に伴い、必要な情報の提供を行う（入院2日目）
　提供した必要な情報は別紙（入院時情報提供書）参照。
　16:00　ファクシミリの受信確認票の返信を受ける。
（サイン） |

☞ 選択肢

① 適切な記載である

② 不適切な記載である

③ 何とも言えない（問題があるともないとも言いかねる）

解答と解説

■ **解答** ① 適切な記載である

■ **解説**

　クイズで提示した支援経過及び情報提供書には、算定時の記録に必要な以下の情報が含まれています。

> ① 情報提供を行った**日時**　② **場所**　③ **内容**　④ 提供手段

　加えて、支援経過には、情報を提供した相手やケアマネジメントに必要な情報が漏れなく記載されているため、クイズの答えは「①」となります。

| 20XX年
5月21日(木)
15:00❶ | A病院
担当看護師に
ファクシミリ
送信❷ | **目的** **5月20日の入院**❸**に伴い、**
必要な情報の提供を行う
（入院2日目）❹
　提供した必要な情報は別紙（入院時情報提供書）参照❺。
　16:00　ファクシミリの受信確認票の返信を受ける❻。　　　　　（サイン） |

❶ 算定に必要な「日時」を記載します。日ごろから支援経過には時間も記載するようにしましょう。

❷ 「提供場所」、「提供手段」、「提供相手」を明確にします。

❸ 単に「入院中」とはせず、「○月○日の入院」とすることにより、入院から何日目かが明確になります。

❹ 当該加算は、入院から３日若しくは４日〜７日以内に医療機関に「必要な情報」を提供した際に算定が可能です。医療機関への情報提供は複数回

になることもあるため、どの時点での情報提供を加算算定対象としたのか
わかるよう、記載しておくと便利です。

❺ 入院時情報提供書や関係書類も支援経過と併せて保存します（今回は省略）。

❻ ファクシミリ等で連絡した場合は、個人情報の取扱いにも留意しましょう。

3. 入院時情報連携加算のまとめ

　医療・介護連携とは、ケアマネジャーが医師や看護師にお伺いをたてる
という意味ではありません。生活を支える専門職（ケアマネジャー）とし
て、医療職と協働し、利用者の健康と安全を守るという意味です。

　協働を推進するためには、相手の立場や希望を理解することも必要で
す。入院時情報連携加算に使用する入院時情報提供書に標準様式が示され
たのも、医療側が望む情報を理解するための一つともいえるでしょう。

　なお、標準様式については、必ず使用するよう義務づけられているわけ
ではありません。しかし、多岐にわたる医療機関の求める情報を記録する
際には、標準様式を使いこなした方が効率的でしょう。

　ケアマネジャーとして、記録に残すべき情報が満たせているか、入院時
情報提供書と支援経過の両方について、再度確認をお勧めします。

　加算算定のときだけ「**日時（特に時間）**」や「**提供手段（特に面談）**」など
を記載することにすると、記載漏れや記録の不備が発生しやすくなります。
うっかりミスによる記載漏れを防ぐためにも、支援経過には日ごろから時
間や手段も記載するよう、事業所内でのルールづくりを進めましょう。

第 **4** 節　退院・退所加算

1. 退院・退所加算の概要

●加算の目的

　担当する利用者の退院・退所に際し、医療機関や介護保険施設等（以下「病院等」）からの情報をもとにケアプランを作成し、関係機関と連絡調整をした際に加算します。

　退院・退所後の在宅生活への移行に向けた病院等との連携を促進する観点から、退院・退所時におけるケアプランの初回作成の手間を明確に評価、病院等との連携回数に応じた評価、病院等におけるカンファレンスに参加した場合を上乗せして評価がされることも特徴です。

　令和3年度介護報酬改定により、ICTの活用の推進や退院・退所時のスムーズな福祉用具貸与の利用を図る観点から、算定基準の解釈通知に以下の2点が追加されました。

> ・退院・退所加算の「面談」で算定する場合においても、テレビ電話装置等を活用して実施することができる※
> ・退院・退所時のカンファレンスについて、退院・退所後に福祉用具の貸与が見込まれる場合には、必要に応じ、福祉用具専門相談員や居宅サービスを提供する作業療法士等が参加すること

※利用者や家族が参加する場合には、事前に利用者等からの同意を得る必要があります。

．

● 算定根拠等

○ 単位数：入院又は入所期間中1回を限度に算定する

（Ⅰ）イ 450 単位	病院等の職員から利用者に係る必要な情報の提供をカンファレンス以外の方法により一回受けていること。
（Ⅰ）ロ 600 単位	病院等の職員から利用者に係る必要な情報の提供をカンファレンスにより一回受けていること。
（Ⅱ）イ 600 単位	病院等の職員から利用者に係る必要な情報の提供をカファレンス以外の方法により二回以上受けていること。
（Ⅱ）ロ 750 単位	病院等の職員から利用者に係る必要な情報の提供を二回受けており、うち一回以上はカンファレンスによること。
（Ⅲ） 900 単位	病院等の職員から利用者に係る必要な情報の提供を三回以上受けており、うち一回以上はカンファレンスによること。

○ 算定根拠：算定基準：ヘ　定める基準：第85の2

算定基準の解釈通知：第3の14

居宅介護支援費の退院・退所加算に係る様式例の提示について（平成21年老振発第0313001号）

● 算定要件

算定要件の概要は、次のとおりです。

○ 病院等を退院・退所し、居宅サービス等を利用する場合において、退院・退所にあたって病院等の職員と面談を行い、利用者に関する必要な情報を得た上でケアプランを作成し、居宅サービス等の利用に関する調整を行った場合に算定する。

○ 同一日に必要な情報の提供を複数回受けた場合又はカンファレンスに参加した場合でも、1回として算定する。

○ 原則として、退院・退所前に情報を得ることが望ましいが、退院後7日以内に情報を得た場合には算定する。

○ 入院又は入所期間につき1回を限度とする。

○ 初回加算との同時算定は不可。

退院・退所加算の算定が可能なカンファレンスの定義
（算定基準の解釈通知第三の 14（3）①）

イ　病院又は診療所

　診療報酬の算定方法（平成 20 年厚生労働省告示第 59 号）別表第 1 医科診療報酬点数表の退院時共同指導料 2 の注 3 の要件を満たし、退院後に福祉用具の貸与が見込まれる場合にあっては、必要に応じ、福祉用具専門相談員や居宅サービスを提供する作業療法士等が参加するもの。

ロ　地域密着型介護老人福祉施設

　指定地域密着型サービスの事業の人員、設備及び運営に関する基準（平成 18 年 3 月 14 日厚生労働省令第 34 号。以下この口において「基準」という。）第 134 条第 6 項及び第 7 項に基づき、入所者への援助及び居宅介護支援事業者への情報提供等を行うにあたり実施された場合の会議。ただし、基準第 131 条第 1 項に掲げる地域密着型介護老人福祉施設に置くべき従業者及び入所者又はその家族が参加するものに限る。また、退所後に福祉用具の貸与が見込まれる場合にあっては、必要に応じ、福祉用具専門相談員や居宅サービスを提供する作業療法士等が参加すること。

ハ　介護老人福祉施設

　指定介護老人福祉施設の人員、設備及び運営に関する基準（平成 11 年 3 月 31 日厚生省令第 39 号。以下このハにおいて「基準」という。）第 7 条第 6 項及び第 7 項に基づき、入所者への援助及び居宅介護支援事業者に対する情報提供等を行うにあたり実施された場合の会議。ただし、基準第 2 条に掲げる介護老人福祉施設に置くべき従業者及び入所者又はその家族が参加するものに限る。また、退所後に福祉用具の貸与が見込まれる場合にあっては、必要に応じ、福祉用具専門相談員や居宅サービスを提供する作業療法士等が参加すること。

ニ　介護老人保健施設

　介護老人保健施設の人員、施設及び設備並びに運営に関する基準（平成 11 年 3 月 31 日厚生省令第 40 号。以下このニにおいて「基準」とい

う。）第8条第6項に基づき、入所者への指導及び居宅介護支援事業者に対する情報提供等を行うにあたり実施された場合の会議。ただし、基準第2条に掲げる介護老人保健施設に置くべき従業者及び入所者又はその家族が参加するものに限る。また、退所後に福祉用具の貸与が見込まれる場合にあっては、必要に応じ、福祉用具専門相談員や居宅サービスを提供する作業療法士等が参加すること。

ホ　介護医療院

　介護医療院の人員、施設及び設備並びに運営に関する基準（平成30年1月18日厚生労働省令第5号。以下このホにおいて「基準」という。）第12条第6項に基づき、入所者への指導及び居宅介護支援事業者に対する情報提供等を行うにあたり実施された場合の会議。ただし、基準第4条に掲げる介護医療院に置くべき従業者及び入所者又はその家族が参加するものに限る。また、退所後に福祉用具の貸与が見込まれる場合にあっては、必要に応じ、福祉用具専門相談員や居宅サービスを提供する作業療法士等が参加すること。

ヘ　介護療養型医療施設（平成35年度末までに限る。）

　健康保険法等の一部を改正する法律（平成18年法律第83号）附則第130条の2第1項の規定によりなおその効力を有するものとされた指定介護療養型医療施設の人員、設備及び運営に関する基準（平成11年厚生省令第41号。以下このへにおいて「基準」という。）第9条第5項に基づき、患者に対する指導及び居宅介護支援事業者に対する情報提供等を行うにあたり実施された場合の会議。ただし、基準第2条に掲げる介護療養型医療施設に置くべき従業者及び患者又はその家族が参加するものに限る。また、退院後に福祉用具の貸与が見込まれる場合にあっては、必要に応じ、福祉用具専門相談員や居宅サービスを提供する作業療法士等が参加すること。

● 算定の際の留意事項（記録）

利用者の情報を得た手段により、記録のルールが異なります。

① 職員との面談で算定する場合

ケアマネジャーは、病院等の職員と面談で得た「利用者に関する必要な情報」を記録します。

この際、標準様式として示されている「**退院・退所情報記録書（以下「情報記録書」）**」（P146 参照）を使用すると便利です。

情報記録書の使用は義務ではありません。しかし、多岐にわたる「利用者に関する必要な情報」を簡便に記録する際には、情報記録書を使ったほうが効率的です。

② カンファレンスで算定する場合

カンファレンスで算定する際の記録については、情報記録書は用いずに、居宅サービス計画等（一般には支援経過）に、指定されている内容（**会議等の日時、開催場所、出席者、内容の要点等**）を記録します。

2. 模擬事例とクイズ

 担当している利用者の退院に際し、入院中の医療機関の主治医（保険医）の主催で、退院時カンファレンスが開催されました。このカンファレンスで、退院・退所加算を算定する場合、いずれで算定することが適切か、選択肢より選択してください。

カンファレンスの出席者は、次のとおりです。

入院中の医療機関

- 主治医（保険医）
- 担当看護師
- 医療ソーシャルワーカー

退院後の担当者（在宅での担当者）

- 居宅介護支援事業所のケアマネジャー
- 訪問介護事業所のサービス提供責任者（看護師資格有り）
- 通所介護事業所の管理者（看護師兼務）

☞ 選択肢

① 「職員との面談」で算定し、情報記録書に記録する

② 「カンファレンス」で算定し、支援経過に記録する

③ 保険者によって異なる

■ **解答**　①「職員との面談」で算定し、情報記録書に記載する

■ **解説**

　地域保険である介護保険の現場で働く私たちは、「保険者によって異なる」が選択肢に含まれていると、真っ先に選びたくなってしまいますが、クイズの答えは全国共通の「①」です。

　"カンファレンス"に参加したのに、"面談"で算定する理由は、退院・退所加算の算定における"カンファレンス"は、医療機関の場合、診療報酬の算定方法（平成20年厚生労働省告示第59号）別表第一医科診療報酬点数表の退院時共同指導料2の注3の対象となるものに限られるからです。「退院時共同指導料2の注3の対象となるもの」をまとめると、介護保険においては次のとおりです。

○ 入院中の保険医療機関の**保険医又は看護師等**が

○ 患者の同意を得て、退院後の在宅での療養上必要な説明及び指導を

○ 当該患者の退院後の在宅療養を担う以下のうち、**いずれか3者以上と共同して指導を行った場合に算定ができる**

　① 在宅療養担当医療機関の保険医若しくは看護師等

　② 保険医である歯科医師若しくはその指示を受けた歯科衛生士

　③ 保険薬局の保険薬剤師

　④ 訪問看護ステーションの保健師、看護師、理学療法士、作業療法士若しくは言語聴覚士

　⑤ 介護支援専門員又は相談支援専門員

　クイズの場合、在宅からの担当者として居宅介護支援事業所のケアマネ
ジャー、訪問介護事業所のサービス提供責任者（看護師資格者）、通所介
護事業所の管理者（看護師兼務）の3名が出席しています。

　しかし、診療報酬算定に必要な（指定されている）在宅からの参加者に
該当するのは、指定されている機関に所属する指定された職種だけです。

　医療系専門職（有資格者）であったとしても、指定されている機関の指
定された職種でない場合は、診療報酬算定に必要な条件を満たさないた
め、加算算定上は参加者としてカウントできません。

　クイズのカンファレンスの場合、加算算定上の在宅からの参加者に該当
するのは、"居宅介護支援事業所のケアマネジャー"の1者だけとなり、"3
者以上と共同して"という条件を満たせていません。

　このため、クイズのカンファレンスの場合、退院・退所加算は、カンファ
レンスでは算定せずに、職員との面談で算定をすることになるのです。

　退院・退所加算の算定においては、"退院カンファレンスに参加＝（イ
コール）退院・退所加算もカンファレンスで算定"とならないこともある
ため、注意しましょう。

退院・退所情報記録書

1. 基本情報・現在の状態　等

記入日：　年　月　日

<table>
<tr><td rowspan="3">属性</td><td>フリガナ</td><td></td><td>性別</td><td>年齢</td><td colspan="3">退院（所）時の要介護度（□要区分変更）</td></tr>
<tr><td rowspan="2">氏名</td><td rowspan="2">様</td><td rowspan="2">男・女</td><td rowspan="2">歳</td><td colspan="3">□要支援（　）・要介護（　）□申請中 □なし</td></tr>
<tr><td colspan="3"></td></tr>
<tr><td rowspan="4">入院（所）概要</td><td>入院原因疾患
（入所目的等）</td><td colspan="6">・入院（所）日：　年　月　日　　・退院（所）予定日：　年　月　日</td></tr>
<tr><td>入院・入所先</td><td colspan="6">施設名　　　　　　　　　　　　　　　　　　　棟　　　室</td></tr>
<tr><td>今後の医学管理</td><td colspan="4">医療機関名：</td><td colspan="2">方法 □通院 □訪問診療</td></tr>
<tr><td>現在治療中の疾患</td><td colspan="2">① 　　② 　　③</td><td colspan="2">疾患の状況 ＊番号記入</td><td colspan="2">安定（　）不安定（　）</td></tr>
</table>

<table>
<tr><td rowspan="11">①疾患と入院（所）中の状況</td><td>移動手段</td><td colspan="3">□自立 □杖 □歩行器 □車いす □その他（　　　　　　　　　　）</td></tr>
<tr><td>排泄方法</td><td colspan="3">□トイレ □ポータブル □おむつ カテーテル・パウチ（　　　　　　）</td></tr>
<tr><td>入浴方法</td><td colspan="3">□自立 □シャワー浴 □一般浴 □機械浴 □行わず</td></tr>
<tr><td>食事形態</td><td colspan="2">□普通 □経管栄養 □その他（　　　　　　　　）</td><td>UDF等の食形態区分</td></tr>
<tr><td>嚥下機能（むせ）</td><td>□なし □あり（時々・常に）</td><td rowspan="2">義歯</td><td>□なし □あり（部分・総）</td></tr>
<tr><td>口腔清潔</td><td>□良 □不良 □著しく不良</td><td>入院（所）中の使用：□なし □あり</td></tr>
<tr><td>口腔ケア</td><td colspan="3">□自立 □一部介助 □全介助</td></tr>
<tr><td>睡眠</td><td colspan="2">□良好 □不良（　　　　　　　　）</td><td>眠剤使用 □なし □あり</td></tr>
<tr><td>認知・精神</td><td colspan="3">□認知機能低下 □せん妄 □徘徊 □焦燥・不穏 □攻撃性 □その他（　　　）</td></tr>
</table>

<table>
<tr><td rowspan="4">②受け止め／意向</td><td>＜本人＞病気、障害、
後遺症等の受け止め方</td><td>本人への病名告知：□あり □なし</td></tr>
<tr><td>＜本人＞退院後の
生活に関する意向</td><td></td></tr>
<tr><td>＜家族＞病気、障害、
後遺症等の受け止め方</td><td></td></tr>
<tr><td>＜家族＞退院後の
生活に関する意向</td><td></td></tr>
</table>

2. 課題認識のための情報

<table>
<tr><td rowspan="13">③退院後に必要な事柄</td><td>医療処置の内容</td><td>□なし
□点滴 □酸素療法 □喀痰吸引 □気管切開 □胃ろう □経鼻栄養 □経腸栄養
□褥瘡 □尿道カテーテル □尿路ストーマ □消化管ストーマ □痛みコントロール
□排便コントロール □自己注射（　　　）□その他（　　　　　　　　　　　　）</td></tr>
<tr><td>看護の視点</td><td>□なし
□血圧 □水分制限 □食事制限 □食形態 □嚥下 □口腔ケア □清潔ケア
□血糖コントロール □排泄 □皮膚状態 □睡眠 □認知機能・精神面 □服薬指導
□療養上の指導（食事・水分・睡眠・清潔ケア・排泄 などにおける指導）□ターミナル
□その他（　　　　　　　　　　　　　　　　　　　　　　　　　　　　　　）</td></tr>
<tr><td>リハビリの視点</td><td>□なし
□本人指導 □家族指導 □関節可動域練習（ストレッチ含む）□筋力増強練習 □バランス練習
□麻痺・筋緊張改善練習 □起居／立位等基本動作練習 □摂食・嚥下訓練 □言語訓練
□ADL練習（歩行／入浴／トイレ動作／移乗等）□IADL練習（買い物、調理等）
□疼痛管理（痛みコントロール）□更生装具・福祉用具等管理 □運動耐容能練習
□地域活動支援 □社会参加支援 □就労支援 □その他（　　　　　　　　）</td></tr>
<tr><td rowspan="2">禁忌事項</td><td>（禁忌の有無）　　　　　　　（禁忌の内容／留意点）</td></tr>
<tr><td>□なし □あり</td></tr>
<tr><td>症状・病状の予後・予測</td><td></td></tr>
<tr><td>退院に際しての
日常生活の阻害要因
（心身状況・環境等）</td><td>例）医療機関からの見立て・意見（今後の見通し、急変の可能性や今後、どんなことが起こりうるか（合併症）、良くなっていく又は
ゆっくり落ちていく方向なのか　等）について、①疾患と入院中の状況、②本人・家族の受け止めや意向、③退院後に必要な事柄、
④その他の観点から必要と思われる事項について記載する。</td></tr>
<tr><td>在宅復帰のために
整えなければならない要件</td><td></td></tr>
</table>

<table>
<tr><td>回目</td><td>聞き取り日</td><td>情報提供を受けた職種（氏名）</td><td>会議出席</td></tr>
<tr><td>1</td><td>年　月　日</td><td></td><td>無・有</td></tr>
<tr><td>2</td><td>年　月　日</td><td></td><td>無・有</td></tr>
<tr><td>3</td><td>年　月　日</td><td></td><td>無・有</td></tr>
</table>

※課題分析にあたっては、必要に応じて課題整理総括表の活用も考えられる。

クイズ2

担当している利用者の退院に際し、入院中の医療機関の主治医（保険医）の主催で、退院時カンファレンス（診療報酬の算定方法（平成20年厚生労働省告示第59号）別表第一医科診療報酬点数表の退院時共同指導料2の注3の要件を満たしたカンファレンス）が開催されました。

カンファレンスの出席者は、次のとおりです。

> 入院中のA大学病院：主治医（保険医）
>
> 退院後の担当者：B病院主治医（保険医）、居宅介護支援事業所のケアマネジャー、C訪問看護ステーションの理学療法士

この際の支援経過記載例について、いずれかを選択してください。

20XX年 〇月24日(木)	**出席機関** 利用者、入院医療機関（A大学病院）、B病院、C訪問看護ステーション	**目的** 退院に向けたカンファレンス **カンファレンス内容の要点** ① 訪問看護を週2回から週3回に増やす。 ② 痛み止めの使用について、B病院の主治医が訪問診療時、毎回確認・調整を行う。 ③ ①②について、退院時共同指導書をA大学病院が作成し、A大学病院主治医、B病院主治医、本人の3者が署名し、交付。ケアマネジャーとC訪問看護ステーションは本人から写しの交付を受けた※。　　　　（サイン）

※本書では省略します。

☞ 選択肢

① 適切な記載である

② 不適切な記載である

■ **解答**　② 不適切な記載である

■ **解説**

　カンファレンスに参加した場合は、情報記録書ではなく、居宅サービス計画等（通常は支援経過）を使用し、記録を残します。

　この際に、支援経過に記載しなければならないことは、次の4点です。

> ① 当該会議（カンファレンス）等の**日時**
> ② **開催場所**
> ③ **出席者**
> ④ 内容の**要点**等

　クイズで提示した支援経過は、①**日時の記載がない**　②**開催場所がわからない**　③"在宅から3者以上"の出席があるかわからない（出席者が加算要件を満たす指定された職種であることがわからない）、などの理由から、不適切な記録です。

　つまり、クイズの答えは「②」となります。

　併せて、カンファレンスに参加した場合は、サービス担当者会議の要点（第4表）の活用も可能です。この際には、退院後の生活に関することだけを記載し、「カンファレンスの内容の要点」を記載漏れしないように注意しましょう。

■ 修正例

| 20XX年
○月24日(木)
13:30〜
15:30❶ | 場所
A大学病院
第二内科病棟
カンファレン
スルーム❷

出席者
利用者、入院中
のA大学病院
（主治医である
保険医）、在宅
の担当者：B病
院（在宅主治
医・保険医）、
C訪問看護ス
テーション（理
学療法士）、ケ
アマネジャー❸ | 目的 医療機関の求めを受け、
　　　退院に向けたカンファレンスを実施
カンファレンス内容の要点 ❹
① 訪問看護を週2回から週3回に増や
　 す。
② 痛み止めの使用について、B病院の主
　 治医が訪問診療時、介護方法への助言
　 とともに毎回確認を行う。
③ ①②について、A大学病院作成の退院
　 時共同指導書に、A大学病院主治医、
　 B病院主治医、本人の3者が署名し、
　 交付。ケアマネジャーとC訪問看護ス
　 テーションは本人から写しの交付を受
　 けた。　　　　　　　　　　（サイン） |

❶・❷「日時」、「開催場所」を記載します。

❸「出席者」を記載します。利用者や家族、ケアマネジャーが漏れやすいの
　で注意し、入院医療機関の担当者と在宅の担当者は分けて、出席者が加算
　要件に該当する機関や職種であることがわかるよう記録します。

❹「内容の要点」をわかりやすく記載します。

3. 退院・退所加算のまとめ

　退院・退所加算の算定においては、以下を満たしているか確認して算定しましょう。

---

❶原則入院中、遅くとも退院・退所７日以内に情報を得ているか？

❷利用者に関する必要な情報を得た上で、ケアプランを作成（変更）し、サービスの調整をしているか？

❸同一日で複数回と計算していないか？

❹「職員との面談」で算定する場合、情報記録書に記載しているか？

❺❹で情報記録書を使用しない場合、同程度の情報が支援経過等に残せているか？

❻「カンファレンス」で算定する場合、支援経過に記載すべき事項を漏らさず記録できているか？

❼算定する単位やコードの勘違いはないか？

　ケアマネジャーにとって、医療との連携で算定する加算の記録は、医療との連携に取り組んでいる"証拠"という側面もあります。

　積極的に加算を算定し、**利用者の健康の維持・増進**と**安全の確保**に留意しながら、ケアマネジメントを提供している証拠を残していきましょう。

第 5 節　通院時情報連携加算

1. 通院時情報連携加算の概要

● 加算の目的

　利用者が医療機関において医師の診察を受ける際に介護支援専門員が同席し、医師等と情報連携を行い、当該情報を踏まえた適切なケアマネジメントを評価する加算です。

　医療と介護の連携を強化し、適切なケアマネジメントの実施やケアマネジメントの質の向上を進める観点から、令和3年度に創設されました。

● 算定根拠等

> ○単位数　50単位／月
> ○算定根拠：算定基準：ト　算定基準の解釈通知：第3の15

● 算定要件

次の場合に算定ができます。

> ・利用者が医師の**診察を受ける際に同席**し、医師等に利用者の心身の状況や生活環境等の必要な情報提供を行い、医師等から利用者に関する必要な情報提供を受けた上で、居宅サービス計画（ケアプラン）等に記録した場合
> ・利用者1人につき、1月に1回の算定を限度とする

つまり、本人の受診への同席は必須ですが、利用者と病院へ同行することは、算定要件ではありません（医療機関で利用者と合流して診察に同席して連携すれば算定可能です）。

　また、具体的な連携に関する内容や方法、留意点などに関して、「令和３年度介護報酬改定に関するＱ＆Ａ（Vol. 3）」にて、次のように示されています。

> 問118　通院時情報連携加算の「医師等と連携を行うこと」の連携の内容、必要性や方法について、具体的に示されたい。
>
> ....
>
> （答）
> ・通院時に係る情報連携を促す観点から、「指定居宅サービスに要する費用の額の算定に関する基準（訪問通所サービス、居宅療養管理指導及び福祉用具貸与に係る部分）及び指定居宅介護支援に要する費用の額の算定に関する基準の制定に伴う実施上の留意事項について」（平成12年３月１日老企第36号）第３の「15通院時情報連携加算」において、医師等に利用者の心身の状況や生活環境等の必要な情報提供を行い、医師等から利用者に関する必要な情報提供を受けることとしている。
> ・なお、連携にあたっては、利用者に同席する旨や、同席が診療の遂行に支障がないかどうかを事前に医療機関に確認しておくこと。

　なお、算定に際しては、他の加算算定と同様に、漫然と算定する（算定できるからとる）という考え方ではなく、介護給付費の適正化の観点から、ケアマネジャーが受診に同席する理由（意味）や効果（価値）などについて、誰が見ても納得できる記載があるとなおよいでしょう。

2. 模擬事例とクイズ

 以下の支援経過の記載例について、通院時情報連携加算の算定の際の記載として適切か否か、選択肢より選択してください。

20XX年 ○月○日(金) 11:00〜 11:40	A病院の受診に同席 本人、主治医と面談	**目的** 主治医に情報を提供のうえ、日常生活の留意点を確認する 　外来受診に同席し、主治医に日内変動に関する情報提供を行ったのち、外来看護師から情報提供を受ける。 　情報をやり取りした内容については別紙参照。 <div align="right">（サイン）</div>

☞ 選択肢

① 適切な記載である

----

② 不適切な記載である

解答と解説

■ **解答** ① 適切な記載である

■ **解説**

　当該加算は、算定基準の解釈通知にも示されているとおり、利用者が医師の診察を受ける際に同席し、<u>医師等</u>に利用者の心身の状況や生活環境等の必要な情報提供を行い、<u>医師等</u>から利用者に関する必要な情報提供を受けた上で、<u>居宅サービス計画等</u>に記録した場合に、算定を行うものです。

　すなわち、医師の診察に同席することが必要ですが、情報提供をする相手も、受ける相手も「医師等」とされていることから、医師だけではなく、看護師や薬剤師、管理栄養士、理学療法士などの職種との連携についても広く算定が可能となります。やり取りが可能な職種の幅が広いため、勘違いによる算定漏れを起こさないようにしましょう。

　なお、ケアマネジャーが利用者の診察に同席する際は、緊急事態も多くなることが想定されますが、利用者に同席する旨の同意を得ておくことや、同席が診療の遂行に支障がないかどうか事前に医療機関に確認するなどの事前調整を忘れずに、関係構築に努めましょう。

| 20XX年
○月○日(金)
11:00〜
　　　11:40 | 本人のA病院の受診に同席❷ | **目的** 主治医に情報を提供のうえ、日常生活の留意点を確認する❶
　外来受診に同席し、主治医に日内変動に関する情報提供を行ったのち、外来看護師から日常生活上の留意点の説明を受ける❸。
　情報をやりとりした内容は別紙参照❹。
　　　　　　　　　　　　　　（サイン） |

❶ 加算の名称ではなく、加算を算定する目的を記載します。

❷ 本人の受診に同席したことがわかるよう記載します（利用者との同行は、算定要件ではありません）。

❸ 情報を提供した相手と受けた相手が違う場合は、概要を記載します。

❹ 別紙がある場合には、別紙参照として重複記載は不要です。

3．通院時情報連携加算のまとめ

　当該加算は、ケアマネジャーの手間やケアマネジメントプロセスが評価された加算です。事前の連絡や事後の報告など、連携に関する配慮も忘れずに、医療関係職種との適切な援助関係を構築していくきっかけとして使いこなしましょう。

　反対に、指定権者等からは、当該加算の不適切な算定（受診同席が不要な利用者にも同席し算定するなど）や、不正請求（受診に同席していないのに、算定をするなど）を行う事業者等が出現する危険性や、それを確認することの困難さなどの不安も耳にします。

　算定にあたっては、医師等との情報のやりとりとともに、ケアマネジャーが受診に同席する意味と価値についても支援経過に意識的に残すとよいでしょう。

■ 記載例（情報提供等に別紙を使わなかった場合）

20XX年 ○月○日（金） 11:00〜 11:40	A病院の受診に同席 本人、主治医と面談	**目的** 主治医に情報を提供し、 日常生活の留意点等を確認する

目的 主治医に情報を提供し、
　　　　日常生活の留意点等を確認する

【情報提供した内容】

　日によって体調の変動する時間が変わることの不安が大きく、デイケアに5回連続で（2週間）通所できていない。デイケアを利用する際の留意点や、援助職の配慮などの助言を受けたい。

【主治医からの情報提供と助言】

・薬剤の調整中のため、体調安定まではもう少し時間が必要

・屋外での起立性低血圧には見守りと注意が必要

・デイケアは、体調安定の迅速化と事故が起きた際の適切な支援の両面から必要不可欠なサービスのため、頑張って通ってほしい

　主治医の説明に本人は納得し、「怖さは消えないが、頑張って通いたい」と、体調悪化以来、初めて前向きな意見を口にする。　　　　　　　　　　（サイン）

緊急時等居宅カンファレンス加算

第**6**節

1. 緊急時等居宅カンファレンス加算の概要

● 加算の目的

担当する利用者の急変等に際し、医療機関に情報提供を行った場合に、**1月に2回まで**加算します。ケアマネジメントを行う際の医療連携の手間（急変時の連絡調整等）を評価する加算です。

● 算定根拠等

○ 単位数：200 単位／回（月に 2 回まで）
○ 算定根拠：算定基準：チ　　算定基準の解釈通知：第 3 の 16

● 算定要件

「緊急時」に関する算定上のルールや定義づけはされておらず、「医療機関の求め」をもって「緊急時」と判断する場合が一般的です。以下の要件を満たすことが必要です。

① 病院又は診療所（以下「医療機関」）の求めによる
② 医療機関の医師又は看護師等と共に利用者の居宅を訪問し、カンファレンスを行う
③ 必要に応じて、利用者に必要な居宅サービス又は地域密着型サービスの利用に関する調整を行う

また、③サービスの調整については、「必要に応じて」とされていることからも、実施が義務ではありません。

●算定の際の留意事項（記録）

算定する際には、**居宅サービス計画等**（一般的には支援経過）に、以下を漏れなく記載します。

○**利用者の居宅**で開催していること
○病状の急変等に伴う**医療機関からの要請**であること
○カンファレンスの**実施日**（指導した日が異なる場合は**指導日**もあわせて記載）
○カンファレンスに参加した**医療関係職種等の氏名**
○カンファレンスの**要点**

特に「参加した医療関係職種等の氏名」は漏れやすく、後から気づいても当人に確認しにくいものです。その場で名刺交換等を済ませるなど、お互いの手間を増やさないよう、挨拶や自己紹介の場面を工夫してください。

なお、算定に当たって、利用者の居宅へ医療機関職員と同行訪問をすることや、居宅でカンファレンスを開催することは必要ですが、サービスの調整やケアプランの再作成（変更）は必須要件でないため、ケアプランを変更しなかった場合にも算定は可能です。

2. 模擬事例とクイズ

以下の支援経過の記載例は、緊急時等居宅カンファレンス加算の算定が可能な記載か否か、最も適切なものを選択肢より一つ選択してください。

| 20XX年
○月○日(木)
13:30～
　　15:30 | 出席者
A病院（主治医）、B訪問看護ステーション（管理者）、C訪問介護事業所(サービス提供責任者)、利用者、利用者の妻、ケアマネジャー | 要点
① 訪問診療を月2回、訪問看護を週4回に増やす（訪問看護は、特別指示書に切り替える）。
② 訪問介護事業所の時間調整について取り急ぎ対応する。
③ 入浴を訪問入浴に切り替える（週1回）。

　　　　　　　　　　　（サイン） |

☞ 選択肢

① 適切な記載である

② 不適切な記載である

③ 何とも言えない（問題があるともないとも言いかねる）

■ **解答**　② 不適切な記載である

■ **解説**

　クイズで提示した支援経過には、カンファレンスの実施日とカンファレンスの要点は読み取れますが、以下の3点が把握できないため、不十分な記録となっています。このため、クイズの答えは、「②」となります。

①利用者の居宅を訪問し開催していること
②医療機関からの要請を受けていること
③参加した医療関係職種の氏名

■ **記載例と解説**

20XX年 〇月〇日(木) 13:30〜 15:30❶	居宅訪問❷ 参加者 A病院(主治医・佐藤松子氏)、B訪問看護ステーション(管理者・鈴木竹男氏)、C訪問介護事業所(サービス提供責任者・高橋梅子氏)、利用者、利用者の妻、ケアマネジャー❸	**目的** **主治医の求めを受け、** 　　　**自宅カンファレンスを開催❷** **要点** ① 訪問診療を月2回、訪問看護を週4回に増やす(訪問看護は、特別指示書に切り替える)。 ② 訪問介護事業所の時間調整について取り急ぎ対応する。 ③ 入浴を訪問入浴に切り替える(週1回)。　　　　　　　　　(サイン)

❶ カンファレンスの実施日を記載します。カンファレンスの実施日と指導日が異なる場合は、指導日も併せて記載します（当該加算の算定には、時間の記載は義務ではありませんが、後日の確認などのために、曜日と時間も記載しておきましょう）。

❷ 目的には、「主治医の求め」を受けて「居宅で」「カンファレンスを開催したこと」を明確にします（主治医の求めを受けていることで、緊急とみなされます）。

❸ カンファレンスに参加した医療関係職種等の「氏名」の記載が求められます。入院医療機関の担当者と、在宅の担当者は分け、出席者が該当する機関や職種であることがわかるよう記録します。

❹ カンファレンスの要点についても記載が必要です。

Column　医療連携に関する加算

　医療ニーズを有する高齢者の増加に対応し、地域包括ケアシステムを推進するために、医療と介護の連携が盛んになっています。

　ケアマネジャーが利用者支援に必要な医療との連携に積極的に取り組んだ"証拠"である支援経過は、ケアマネジメントの充実からも、コンプライアンスの徹底の面からも重要な意味を持つことを再確認しましょう。

第7節 ターミナルケアマネジメント加算

ターミナルケアマネジメント加算の概要

●加算の目的

末期の悪性腫瘍の利用者又は家族の同意を得た上で、主治の医師等の助言を得つつ、ターミナル期に通常よりも頻回な訪問により利用者の状態変化やサービス変更の必要性を把握するとともに、そこで把握した利用者の心身の状況等の情報を記録し、主治の医師等や居宅サービス事業者へ提供する居宅介護支援事業所を評価する加算です。

●算定根拠

○ 単位数：400単位／月
○ 算定根拠：算定基準：リ　定める基準：第85号の3
　　　　　　算定基準の解釈通知：第3の17

●算定要件等

算定要件の概要は、次のとおりです。

○ 対象利用者
　● 末期の悪性腫瘍であって、在宅で死亡した利用者（在宅訪問後、24時間以内に在宅以外で死亡した場合を含む）

○ 算定要件
- 24 時間連絡がとれる体制を確保し、かつ、必要に応じて、指定居宅介護支援を行うことができる体制を整備（事前に市町村に体制の届出が必要）
- 利用者又はその家族の同意を得た上で、死亡日及び死亡日前 14 日以内に 2 日以上居宅を訪問し、主治の医師等の助言を得つつ、利用者の状態やサービス変更の必要性等の把握、利用者への支援を実施
- 訪問により把握した利用者の心身の状況等の情報を記録し、主治の医師等及びケアプランに位置づけた居宅サービス事業者へ提供

すなわち、当該加算を算定する場合には、居宅介護支援事業所が体制を整備して市町村へ届出た上で、重要事項説明書で 24 時間連絡が可能、かつ、必要に応じて居宅介護支援を提供できる体制を整備していることを説明し、利用者から同意を得ておく必要があります。

また、末期の悪性腫瘍以外の疾病の方や、医療機関等に搬送されてから 24 時間以上経過してお亡くなりになった方は算定対象となりません。

● 算定の際の留意事項（記録）

併せて、ターミナルケアマネジメントを受けることについて利用者又はその家族が同意した時点以降は、次に掲げる事項を居宅サービス計画等（通常は支援経過）に記録しなければなりません。

① 終末期の利用者の心身又は家族の状況の変化や環境の変化及びこれらに対して居宅介護支援事業者が行った支援についての記録
② 利用者への支援にあたり、主治の医師及び居宅サービス計画に位置づけた指定居宅サービス事業者等と行った連絡調整に関する記録

Ⓒolumn　ターミナルケアマネジメント加算 算定時の重要事項説明書の記載例

　ターミナルケアマネジメント加算を算定する際には、市町村への届出と重要事項説明書への記載が必要になります。

　特定事業所加算の算定要件とは若干異なるため、注意が必要です。

　両加算算定時の記載例を掲示しますので、事業者（法人）の指示に従い、適切な運用を心がけてください。

【重要事項説明書の記載例】

① 特定事業所加算を算定する場合

> **ポイント!** 24 時間連絡が取れる体制が整備されていること
> を明記します

営業日及び営業時間

○ 営業日：月曜日〜金曜日

　（土・日曜・祝祭日及び 12/30 〜翌 1/3、8/13 〜8/16 の間は休業）

○ 営業時間：9 時〜 18 時

　（携帯電話：090 - 0000 - ●●●● は、24 時間対応可能です[※1]）

※1 特定事業所加算の算定要件の規定は、「24 時間連絡体制を確保し、かつ、必要に応じて利用者等の相談に対応する体制を確保していること。」です。このため、併設施設や事業所等で電話を受け、居宅介護支援事業所と連絡が可能な場合にも算定が可能です。

② ターミナルケアマネジメント加算を算定する場合

ポイント！ 24時間連絡体制が整備されていること、

必要に応じて居宅介護支援の提供をすること

の2点を明記します

営業日及び営業時間

○ 営業日：月曜日〜金曜日

　（土・日曜・祝祭日及び 12/30 〜翌 1/3、8/13 〜 8/16 の間は休業）

○ 営業時間：9 時〜 18 時

　（携帯電話：090 - 0000 - ●●●● は、24 時間対応可能です。また、ターミナルケアマネジメント加算の算定においては、必要に応じて居宅介護支援を提供いたします。[※2]）

※2 ターミナルケアマネジメント加算の算定要件の一つは、「24 時間連絡がとれる体制を確保し、かつ、必要に応じて、指定居宅介護支援を行うことができる体制を整備していること。」です。このため、重要事項説明書には、24 時間連絡ができる体制整備に加え、必要に応じて居宅介護支援を提供することについても明記します。

　なお、ターミナルケアマネジメント加算の算定にあたっては、重要事項説明書ではなく、加算算定同意書（利用者や家族から加算算定の同意を得る際に使用する任意の書式）などを使用し、署名を受ける方法も考えられます。

Memo

支援経過相談室

●

こんなときどう書く？
それはなぜ？

　ここからは、無意識のうちにうっかりミスをしてしまうことのある事例について、記載例とその解説を組み合わせ、確認をしていきます。

　この例示については、ケアマネジャーから相談を受け支援経過への記載の助言をした事例や、支援経過記載の見直しをした事例を基にしています。

　自分だったらどう書くか、同じようなミスをしていないかなど、日ごろの実践を振り返りながら確認してください。

ケアマネジメントの局面 ▶ **契約、アセスメント**

[概要] 契約と初回のアセスメントを同日に行ったが、契約書の署名をその
場でもらえず、契約書の日付がアセスメントより後になってしまう事例

20XX年 ○月○日(月) 11:00〜 　　　12:30	居宅訪問 本人と面接	**目的 契約・初回アセスメント** 　重要事項説明書を交付し、当事業所の説明とケアマネジャーの自己紹介。本人の同意（担当の依頼）を受ける。 　アセスメントの結果については、別紙アセスメントシート参照。 　書類に署名する際には、別居の子の了解を取る約束をしているため、●日（土曜日）に別居の子同席の下に契約書の署名を行う予定。　　　　　（サイン）

解説

　重要事項説明書を介した契約行為を済ませた後に、居宅介護支援の一連
の手順（アセスメント）を開始していることを明記しましょう。

　その上で、契約書の署名等が遅れた理由などを残しておくと、実地指導
等への対策ともなります。

事例や似たような状況へのコメント

　利用者による**サービスの選択の権利を保障**し、**利用者主体**を成り立たせ
るためにも、居宅介護支援の開始前に契約することは絶対条件です。ここ
で注意したいのは、介護保険法令における契約とは、契約書の署名ではな
く、**重要事項説明書の交付説明と利用者同意**を指すということです（第2

章第1節参照）。

　近年、高齢者を狙った詐欺事件なども横行していることから、ケアマネジャーを信頼していてもその場で署名しにくく感じる利用者もいます。ケアマネジャーは、利用者の気持ちに寄り添い信頼関係を構築するよう努めましょう。併せて、支援経過には契約締結を済ませていることをしっかり残しましょう。

　また、契約書の日付については、適切な支援の提供や不正を防止する意味で、"重要事項説明書と併せて契約として考える"など、法令等の規定よりも厳密なルールを作成・使用している保険者等もあります。地域の取り決めなどがある場合には、それに従いましょう。

　反対に、実地指導を担当する職員の不勉強で、介護保険の契約の意味を理解しておらず、事業者とトラブルになる事例もあると伺っています。
　私（筆者）は、前職が行政職だったこともあり、権限を有している職員の不勉強は、情けなく腹立たしいことと感じています。しかし、腹を立てるだけで済ませず、対処してもらうよう働きかける必要があります。併せて、自分と事業所を守るため、ケアマネジャーの理論武装が必要となるのです。

　このような背景も踏まえ、支援開始から適切なケアマネジメントを提供していた証拠となるよう意識し、支援経過を残しましょう。

[概要] 子どもとの確執、自分の不幸な状況という内容の繰り返しが2時間以上続き、初回アセスメントに3時間以上かかった事例

20XX年 ○月○日(水) 13:30〜 17:00	居宅訪問 本人と面接	**目的** 初回アセスメント 「息子が小さい頃から自分のことを犠牲にしてかわいがってきたのに、今は無視されている」「一人暮らしで大変なのに、誰も助けてくれない」と怒ったり、涙を流したりしながら話し続ける。 本人だけからの意見のため、否定も肯定もせずに傾聴する。 今後できるだけ早い時期に、本人と息子が同席する面接の設定が必要と考えるが、感情の起伏が激しいため、今回は本人には伝えていない。 アセスメントの詳細は、別紙アセスメントシート参照。 （サイン）

解説

　面接時間が長くかかった場合には、利用者の発言、表情など特徴的な部分を端的にまとめるよう意識し、支援経過が冗長にならないよう気をつけます（訪問や面談のたびに同じ話を繰り返す利用者についても同様です）。

　訴えの回数を数えられないくらい長時間（何度も）繰り返していることが把握できるよう、時間を記載することを忘れないようにしましょう。

事例や似たような状況へのコメント

　面接回数が少なく、ケアマネジャーと援助関係が構築される以前の利用者の話が長くなる場合には、以下のような理由が考えられます。

> ● 緊急性が高く、すぐに解決が必要な状況になっている利用者
> ● もともとの訴えが多い（聞いてほしい）利用者
> ● 他者との親和性の高い利用者
> ● 緊張が高いため、それを紛らわせたり間を持たせたりしながら話をして、話が長くなる利用者

　いずれの場合でも、会話の内容や本人の感情に振りまわされ、情報収集が不十分な段階で良し悪しを決めつけたり、こうあるべきだとケアマネジャーが提案（考える方向性を示したり、誘導的な関わり）をしたりすることは、今後のケアマネジメントの展開上望ましくありません。

　このような場合には、「本日は、○時〜○時まで」など、まずは面接時間を利用者と約束してから面接を開始するなど**枠組みを作り、適切な距離感を保ち**ながら支援をするよう努めます。

　利用者との信頼関係の構築を急ぐことは大切ですが、ケアマネジャーに対する依存を助長させるような時間や場面を、ケアマネジャーが率先して作らないようにしましょう。

　このためにも、ケアマネジャーには、目的から外れないよう**面接をコントロールする技術**と、面接した内容を**適切に記録する技術**が必要です。

　利用者の同意が得られず、ケアプランに記載できないことを支援経過に記載する場合の記載例です。

［概要］アセスメント時に家族から利用者には秘密にしてほしいと言われた事例

20XX年 ○月○日(水) 13:30〜 　　　14:30	居宅訪問 本人・妻と面接	**目的 アセスメント** 　（中略）帰りがけに玄関で、妻から「このままでは負担のため、本人に内緒で、施設入所の申込みをしたい」との相談を受ける。明日、本人がデイサービス通所中の11時〜12時の間に自宅にて面接することを約束した。　　　　（サイン）

［概要］アセスメント時に利用者の潜在的問題があることを利用者等に伝えたが、同意が得られなかった事例

20XX年 ○月○日(水) 13:30〜 　　　14:30	居宅訪問 本人・妻と面接	**目的 アセスメント** 　今のままの状況で介護を続けると、今後妻の負担が増加し、共倒れになる可能性がある。しかし、本人、妻とも問題と感じていないため、同意を得られず、ケアプラン原案のニーズとすることができなかった。　　　　（サイン）

[概要] 潜在的な問題があることを利用者に伝えたが、理解（納得）してもらえなかったため、ニーズとすることができなかった事例

20XX年 ○月○日(水) 13:30〜 14:30	居宅訪問 本人・妻と面接	**目的** ケアプラン原案の説明と同意 優先順位2位のニーズとして提案した「妻の介護負担の軽減」については、本人の了解が得られず、ニーズとすることができなかった。　　　（サイン）

解説

　利用者の同意が得られない内容や、利用者に内緒にしてほしいと家族に言われた内容などについては、支援経過に記載します。

　記載の際は、事実とケアマネジャーの判断を分けて記載することが大切です。

事例や似たような状況へのコメント

　ケアマネジャーが丁寧に必要性の説明をした場合でも、利用者等から同意を得られないこともあります。ケアプランは利用者のものですから、ケアプランには、**利用者が理解・納得していないことを記載することはできません**。

　しかし、必要があることとその理由などをケアマネジャーが伝えた経緯については、支援経過に残しましょう。これにより、必要な内容がケアプランに追加された場合においても、ケアマネジャーがいつ課題に気づき、いつ説明し、いつ同意を得、いつケアプランに追加したのかなどの支援の経過を明確にすることができるのです。

[概要] サービス担当者会議に向けた事前調整をした事例

20XX年 ○月○日(金) 9:00〜9:15	電話発信 訪問看護事業 所の管理者と 話す	**目的** **連絡調整** サービス担当者会議に欠席となる訪問看護師から、本人の疾病管理に関する助言を確認する。 助言内容については、別紙サマリー参照。 サービス担当者会議で、身体機能の変化と観察のポイントをケアマネジャーから伝達すること、不安などの精神的な状況と対応については、担当者に対し個別にケアマネジャーから連絡することで合意をする。　　　　　　　　（サイン）

解説

サービス担当者会議の調整などについても支援経過を活用しましょう。

サービス担当者会議の要点（第4表）には、ケアマネジャーが担当者に照会した内容を、記載することができます。

ただし、担当者が会議では活用しないでほしいとした内容などについては、支援経過を活用し記録しておくことも必要となります。

なお、サマリー（要約票）などを受け取った際には、支援経過と併せて保存をするとよいでしょう。

ケアマネジメントの局面 ▶ **サービス担当者会議**

［概要］「やむを得ない理由」でサービス担当者会議を開催できない事例

> 目的 **サービス担当者会議に関する連絡調整**
>
> 　認定区分の変更申請に伴い、サービス担当者会議の開催を計画したが、担当者が多忙のため、開催日を調整できなかった。このため、担当者への照会で状況を確認し、暫定ケアプランを作成することとした。
> 1カ月程度後（認定結果通知が到着後）に、サービス担当者会議の開催を再度調整する予定であることを伝えた。　　　　　　　　（サイン）

解説

　サービス担当者会議を開催できない「**やむを得ない理由**」は、支援経過に記載します。

　なお、「やむを得ない理由」には、利用者や家族の都合は含まれません（利用者や家族の都合で自宅で利用者と面接するモニタリングを実施しなくてもよいとされている「特段の事情」と混乱している方もいるようなので、注意が必要です）。

　サービス担当者会議を開催することができない理由が、担当者の事情であることがわかるか、支援経過を再確認しましょう。

　また、当初からサービス担当者会議を開かない予定の、"照会を前提とした照会は不適切"とされています。支援経過から、結果的に照会となっていることが明らかについても、併せて確認しておきましょう。

ケアマネジメントの局面 ▶ **サービス担当者会議**

　不適切な手続きをしている証拠が残ってしまっている記載例です。
P175 と併せて確認しましょう。

◎「やむを得ない理由」を間違えている事例

▶
> 　利用者、妻とも「皆さんに申し訳なくて参加できない」と繰り返す。
> 申し訳なく思う必要はないこと、開催場所は自宅以外（サービス事業所
> 等）でよいことなどを説明するが、参加の了承を得られなかった。
> 　このため、やむを得ない理由として、サービス担当者会議が開催でき
> ないことをサービス事業所に伝えた。　　　　　　　　　　（サイン）

◎ 照会ありきであることが明らかな事例

▶
> 　区分変更認定のため、サービス担当者会議の開催が必要であるが、
> 急な開催のため、全ての担当者の出席は難しいことが推測される。この
> ため、やむを得ない理由として、サービス担当者会議が開催できないこ
> とをサービス事業所に伝え、了承を得た。　　　　　　　　（サイン）

　いずれも運営基準減算の適用となる可能性が高い事例です。このような
支援経過を"うっかり"残してしまっていないか確認しましょう。

Column 「物理的な理由」、「やむを得ない理由」、「特段の事情」

　運営基準減算を回避するためにも、自宅で本人と面接してアセスメントができない「物理的な理由」、サービス担当者会議を開催できない「やむを得ない理由」、自宅で本人にモニタリングができない「特段の事情」の意味を理解することが必要になります。

「物理的な理由」「やむを得ない理由」「特段の事情」の具体例と根拠通知

1）「物理的な理由」　解釈通知第二の3（8）⑦抜粋

　介護支援専門員は、解決すべき課題の把握（略）に当たっては、利用者が入院中であることなど物理的な理由がある場合を除き必ず利用者の居宅を訪問し、利用者及びその家族に面接して行わなければならない。

2）「やむを得ない理由」　解釈通知第二の3（8）⑨　抜粋

　やむを得ない理由がある場合とは、利用者（末期の悪性腫瘍の患者に限る。）の心身の状況等により、主治の医師又は歯科医師（以下「主治の医師等」という。）の意見を勘案して必要と認める場合のほか、開催の日程調整を行ったが、サービス担当者の事由により、サービス担当者会議への参加が得られなかった場合、居宅サービス計画の変更であって、利用者の状態に大きな変化が見られない等における軽微な変更の場合等が想定される。

3）「特段の事情」　解釈通知第二の3（8）⑭　抜粋

　「特段の事情」とは、利用者の事情により、利用者の居宅を訪問し、利用者に面接することができない場合を主として指すものであり、介護支援専門員に起因する事情は含まれない。

[概要] サービス担当者会議でケアプラン原案の一部に合意が得られなかった事例

> **目的 サービス担当者会議**
>
> ケアプラン原案に位置づけた訪問介護とデイサービスの担当者から、利用者にサービスの必要性を説明するも、福祉用具貸与（四点杖）以外は不要との意思を変えることはなかった。
>
> 前回の会議時に本人が繰り返していた「サービス事業所は金目当て」「年寄いじめ」等の発言はなかった。
>
> 3カ月後のサービス担当者会議にて、再度説明を行う予定。（サイン）

解説

サービス担当者会議の概要や流れ等については、サービス担当者会議の要点（第4表）に記載をしておけばよいものがほとんどです。しかし、事例のように第4表と併せて支援経過に記載すると、支援の流れや経緯を把握しやすいというメリットもあります。

特に、セルフネグレクトに近い状態になっている高齢者や、経済面の不安の強い高齢者などは、一度納得したように見えても、次のときには意見が変わっていることも往々にしてあります。

支援の流れと**本人の揺れる思いの両方**を確認できる支援経過は、重要な書類です。適切なケアマネジメントの提供と、利用者の自主的なサービス選択の両立を図っている証拠を残しましょう。

ケアマネジメントの局面 ▶ **ケアプランの実行**

［概要］担当者へのケアプラン交付の事例

目的 ケアプランの交付

ケアプランを説明し、利用者の同意を受け、交付する。

利用者から署名を受けたケアプランを、事業所からサービス事業所の担当者宛にファクシミリ送信。

同日中に全ての担当者から受領書の返信を受け取る。　　　（サイン）

解説

利用者への説明、同意、交付については、第1表の一番下に本人署名欄を作成するなどにより、確認が容易です。

しかし、担当者への交付漏れは、運営基準減算に該当する項目ですが、担当者への交付をどのように証明するか、担当者との適切な個人情報のやり取りを証拠として残せているか、という質問に、自信を持って「もちろん」と答えられる事業所やケアマネジャーばかりではないでしょう。

第1章第4節で確認したとおり、支援経過とは「モニタリングを通じて把握した、利用者やその家族の意向・満足度等、目標の達成度、**事業者との調整内容**、居宅サービス計画の変更の必要性等について記載する」ための書類です。ケアプランの作成（変更）時の担当者交付については、支援経過を上手に活用し残しましょう。

併せて、個人情報が満載されているケアプランを担当者交付する際の受け取りの工夫についても検討してください。ケアマネジャーが、利用者の個人情報を適切に取り扱うことは、**利用者の信頼を勝ち得る**だけではありません。ケアチームの一員であるサービス事業所の担当者が、ケアマネジャーが個人情報を適切に取り扱うことを確認することにより、個人情報保護の重要性を再確認し、ケアチームの民主化にもつながります。

Ⓒolumn　同意欄の工夫

　代筆の可能性を見越し、同意欄には先に代筆者の欄と代筆理由を設けておくと便利です。本人が署名できる場合には、代筆者欄を空欄のままにしておきます。

代筆の場合も、署名欄には
「本人の氏名」を記載

利用者：＿＿＿＿＿＿＿＿＿＿＿＿＿＿＿＿＿＿＿＿＿＿＿＿＿

　利用者は、心身の状況等により署名ができないため、利用者本人の意思を確認のうえ、私が利用者に代わって、その署名を代筆しました。

代筆者：＿＿＿＿＿＿＿＿　（続柄等：＿＿＿＿＿）

代筆者の氏名と続柄等を
記載する欄を設ける

代筆者が必要な理由（原因）と、本人の
同意意思の両方が明確になるよう、
コメントも最初から載せておく

ケアマネジメントの局面 ▶ モニタリング

［概要］モニタリング訪問の際に虐待を疑った事例

20XX年 ○月○日(木) 14:10～ 　　　15:00	居宅訪問 本人・息子と 面接	**目的** **モニタリング訪問** 　本人の右ひじの部分に、手で握られたようなあざがあることを確認したが、同席した息子は知らないと答える。息子の拒否により、ほかの部分の確認はできなかった。

（サイン）

解説

　支援経過には、文字だけではなく、図やイラストを描いても構いません。あいまいなことや伝えにくい内容を、冗長で他者に伝わりにくい文章で表現するより、図やイラストなどで共有を図るほうが有効な場合が多いものです。

　図やイラストを記載する際には、上手である必要はありません。観察した状態や事実が伝わるように意識して記載します。

[概要] 毎日の電話、急な事業所訪問による長時間の面接要求を繰り返す事例

20XX年 ○月10日(月) 13:00〜 　　　13:15	事業所内にて 本人と面接	**目的** **約束日以外の** **事業所訪問による面接**

目的 **約束日以外の　事業所訪問による面接**

　約束した日時以外の面接や電話には対応はしないことを改めて本人に確認する。

　ケアマネジャーが話している途中で割り込むように、いつもと同様の相談（息子夫婦との確執）をまくしたてるように話す。その都度話を遮り、約束日時以外の面接はできないことを繰り返し確認する。

「理解はしているが納得はしていない」と言いながら、15分ほどで帰宅する。

　次回は、○月12日（水）10時〜11時当事業所にて面接予定。　　（サイン）

解説

　利用者等と約束した内容については、繰り返して記載しましょう。

　支援経過に何度も残すことにより、担当ケアマネジャー以外の人が見た場合にも、**統一した対応**をとることができます。何度も繰り返して約束事を確認していることの証拠にもなります。

　また、支援した内容については、毎回同じことならば簡潔に記載しますが、本人の様子については、冗長にならないよう記載を残します。

　支援経過の最後などに、次回の面接予定日を入れておくと、連絡調整や担当ケアマネジャー以外の人が見た場合にも適切に対応ができるので便利です。

事例や似たような状況へのコメント

　依存症や不安の強い利用者などの場合、約束を守れずに頻回な訪問要求をしたり、昼夜を問わない頻回で長時間の電話による連絡で事業所の電話回線を1日中通話中にしたりしてしまうこともあります。

　また、担当のケアマネジャーが、「あなた個人の対応が悪い」と責められることや、困り果て、事業所の管理者や主任ケアマネジャーに相談しようにも、そのような風土になっていない、管理者等も利用者を上限ぎりぎりまで担当しているため余裕がない、ということも往々にしてあるようです。

　このような厳しい状況の中、客観的事実を記録に残すことは、ケアマネジャー自身を守ることにもつながります。ケアマネジャーは、利用者の思いやそうせずにはいられない状況に寄り添うと同時に、援助関係構築のためにも適切な距離感をとれるよう意識し、それを記録に残すよう努めましょう。

[概要] 通所介護の事業所から認知症加算の算定のため、主治医意見書の写しを提供してほしいとケアマネジャーに依頼があった事例

20XX年 〇月10日(月) 13:00～ 　　13:15	電話受信 A通所介護事業所の管理者と話す	**目的** 認知症加算に関する相談 　A通所介護事業所が認知症加算を算定するため、主治医意見書の写しが欲しいとのことだが、主治医意見書の写しは、ケアプラン作成に使用目的を限定して市から提供されるものであり、事業所の加算算定のために交付することはできないと伝える。 　また、サービス担当者会議等で認知症の自立度等を共有し、共有した内容をサービス事業所が記録しておけば加算の算定ができること、主治医意見書の写しは、本人が市役所に開示請求をすれば、本人から入手できることを伝え、了承を得る。　　　　　　　（サイン）

事例や似たような状況へのコメント

　個人情報保護条例の違いなどから、個人情報の取扱いについては、市町村によって差があります。しかし、「事業所の加算算定に必要だから」という理由では、個人情報を開示してよい正当な理由には該当しません。

　個人情報の適切な取扱いのためにも、関連する可能性の高いサービス事業所の加算の算定ルールについても精通するよう努めましょう。

引用文献

- エイミー・C・エドモンドソン（著）、野津智子（訳）『チームが機能するとはどういうことか』英治出版（2014年）

- 後藤佳苗『ケアプランの書き方』中央法規出版（2018年）

- 後藤佳苗『改訂 法的根拠に基づくケアマネ実務ハンドブック』中央法規出版（2018年）

- 後藤佳苗『保険者のチェックポイントがわかる！ケアプラン点検ハンドブック』ぎょうせい（2020年）

- NPO法人千葉県介護支援専門員協議会編、後藤佳苗『基礎から学べる「ケアマネジメント実践力」養成ワークブック』中央法規出版（2011年）

参考文献

- 後藤佳苗『改訂 法的根拠に基づくケアマネ実務ハンドブック【介護報酬・加算減算編】』中央法規出版（2019年）

- 後藤佳苗『サービス担当者会議の取扱説明書』第一法規（2018年）

- 法制執務用語研究会『条文の読み方』有斐閣（2012年）

- 居宅サービス計画書作成の手引編集委員会編『五訂 居宅サービス計画書作成の手引』長寿社会開発センター（2016年）

- 増田雅暢『逐条解説 介護保険法〈2016改訂版〉』法研（2016年）

- 副田あけみ、小嶋章吾『ソーシャルワーク記録―理論と技法』誠信書房（2006年）

- 八木亜紀子『相談援助職の記録の書き方―短時間で適切な内容を表現するテクニック』中央法規出版（2012年）

- 渡部律子『高齢者援助における相談面接の理論と実際』医歯薬出版（1999年）

――――――――――― 著者紹介 ―――――――――――

後藤 佳苗（ごとう かなえ）
一般社団法人 あたご研究所　代表理事
特定非営利活動法人千葉県介護支援専門員協議会理事

資格等
看護学修士（地域看護学）、保健師、介護支援専門員、千葉県介護支援専門員指導者、千葉県介護予防指導者、千葉市認知症介護指導者

略歴と現在の活動
- 千葉県職員（行政保健師）として、保健所、精神科救急病院、千葉県庁母子保健主管課、千葉県庁介護保険担当課等に勤務。2005年4月〜現職。
- 全国で、ケアマネジャー、介護福祉職、行政等職員（都道府県、市町村、団体職員等）、看護職などに対するセミナーを年200回以上担当。
- 法令等をかみ砕いてわかりやすく説明する講義（介護給付費の適正化、実地指導対策など）や医療ニーズの高い利用者への介護支援のコツ、自立支援型ケアプランの作成など、法的根拠や支援のポイントを押さえた講義が好評。

近著（監修、編著、共著含む） (2021 年 4 月現在)

中央法規出版	• 新訂 法的根拠に基づくケアマネ実務ハンドブック (2021.9)
	• 法的根拠でナットク！ 帳票別ケアプランの書き方Ｑ＆Ａ (2020.11)
	• 五訂 介護支援専門員のためのケアプラン作成事例集 (2020.11)
	• 改訂 法的根拠に基づくケアマネ実務ハンドブック【介護報酬・加算減算編】(2019.3)
	• ケアプランの書き方 (2018.1) など
第一法規	• サービス担当者会議の取扱説明書 (2018.09) など
ぎょうせい	• 保険者のチェックポイントがわかる！ ケアプラン点検ハンドブック (2020.05) など
南江堂	• 看護学テキスト NiCE 家族看護学 改訂第 2 版 (2015.12)
ナツメ社	• 改訂 ケアマネジャーのための介護報酬 加算・減算ハンドブック (2018.8)
メディックメディア	• 介護がわかる1 (第 3 版) 介護保険のしくみ (2020.10)
	• 介護がわかる2 (第 3 版) 生活を支える制度 (2020.10)
	• クエスチョン・バンク ケアマネ
	• クエスチョン・バンク 介護福祉士 など
翔泳社	• 福祉教科書 ケアマネジャー完全合格テキスト
	• 福祉教科書 ケアマネジャー完全合格問題集 など
秀和システム	• 実践で困らない！駆け出しケアマネジャーのための お仕事マニュアル【第 2 版】(2018.10) など
ユーキャン	• まんがでわかる！介護のお仕事シリーズ ケアマネ一年生の教科書 (2017.10)
	• まんがでわかる！介護のお仕事シリーズ サ責一年生の教科書 (2017.12)

その他、雑誌・情報誌への連載も多数担当

Memo

Memo

サービス・インフォメーション

───────── 通話無料 ─────────

①商品に関するご照会・お申込みのご依頼
　　　　　　TEL 0120 (203) 694／FAX 0120 (302) 640
②ご住所・ご名義等各種変更のご連絡
　　　　　　TEL 0120 (203) 696／FAX 0120 (202) 974
③請求・お支払いに関するご照会・ご要望
　　　　　　TEL 0120 (203) 695／FAX 0120 (202) 973

●フリーダイヤル（TEL）の受付時間は、土・日・祝日を除く
　9：00～17：30です。
●FAXは24時間受け付けておりますので、あわせてご利用ください。

令和3年改定対応

記載例で学ぶ居宅介護支援経過
～書くべきこと・書いてはいけないこと～

2021年9月10日　　初版発行
2023年5月20日　　初版第5刷発行

著　者　　後　藤　佳　苗

発行者　　田　中　英　弥

発行所　　第一法規株式会社
　　　　　〒107-8560　東京都港区南青山2-11-17
　　　　　ホームページ　https://www.daiichihoki.co.jp/

支援経過3　ISBN 978-4-474-07648-8　C2036（9）